The Culture Transplant

移民は世界をどう変えてきたか

文化移植の経済学

How migrants
make the economies
they move to
a lot like the ones
they left

ギャレット・ジョーンズ
Garett Jones
飯嶋貴子［訳］

慶應義塾大学出版会

物事は変われば変わるほど変わらない。
——ジャン゠バティスト・アルフォンス・カー
『スズメバチ』（1849年）

はじめに　最善の移民政策

経済面から見て特に特徴のない、次の三つの国を考えてみよう。

エジプト
パラグアイ
インドネシア

これらの国はいずれも、平均所得がアメリカの平均の約5分の1で、地球上の所得分布のちょうど中間くらいに位置する。そしてこの所得の低さが非常に重要なのだ。約2000万人のインドネシア人の家には最低限のトイレ設備すらなく、地方に住むパラグアイ人のうち、家に水が通っているのは全体の4分の1しかおらず、平均的なエジプト人が使用している電気量は平均的なアメリカ人の電気使用量のわずか8分の1程度だ。

そこで、もしこれら三つの国の一般庶民の生活を改善する移民政策があるとしたら、それはどんなものになるだろうか？　しかも短期的ではなく長い目で見て、何世代にもわたってより良い暮らしができるようにするには？

こんな政策はどうだろうか。毎年、中国からたくさんの人（各国の人口の2％程度）を受け入れ、それを十数年間続ける。すると、

エジプトは年間200万人
パラグアイは年間15万人
インドネシアは年間500万人

を受け入れることになる。

基本的な身元調査にパスした中国人――犯罪歴なし、高卒の学歴もしくは大学や職業訓練校における多少の経験あり――なら誰でも受け入れ、彼らに永住を勧める。

なぜか？　周りを見渡してみよう。数世紀にわたって中国から多くの移民を受け入れてきた国はいずれも、中国系移民のコミュニティはかなり良好だ。彼らは教育と起業を重視し、貯蓄率も高い――不平不満はそれほどなく、たいていのものは気に入っている。また、シンガポールや台湾など中国系移民の子孫が人口の大半を占める国を見てみると、これらの国は優秀で有能な政府、汚職率の低さ、新型コロナウイルスとの闘いにおけるすばらしい成功のモデルとなっている。こうした国々は比較的裕福でもある。たとえば平均的なシンガポール人は、平均的なアメリカ人よりもずっと金持ちだ。

中国系移民にはすばらしい実績があるが、要はこういうことだ。こんにち、中国という国自体が単に十分貧しく、おそらく今後数十年経っても十分に貧しいと想定されるため、前途有望な機会があれば、何千万人もの中国市民が海外に定住するチャンスを喜んで受け入れるだろう。ということで、この政策を試してみよう。中国人ならほとんど誰でもいいので、これら三つの国のいずれかに移動させ、5年以上住んだら次の5年は免税にする。そうなれば多くの人々の定住に拍車がかかるだろう。

たっぷりと時間をかけて、こうした中国系移民にその地で家庭を築くことを奨励し、自分たちの文化を子どもたちに受け継がせる。ゆくゆくはそうした子どもたちに、政治家への道に挑戦させたり、ビジネス界でトップクラスの仕事を引き受けさせたりする。この第二世代は、後の第三世代や第四世代と同じく、その国の文化を形成し、政府を改善し、中国の成功の歴史的なパターンを輸入して、国の産業を、世界的に見てそこそこのものではなく申し分のないものにするのに貢献する。もちろん社会的対立もあるだろうし、民族的反発もあるだろうし、人種的な暴力も起こるかもしれない――だが、政府の政策には何の保証もないけれど、中国出身の人々を受け入れるという政策には力強い実績、最善とも言える実績があるのだ。

それに、親中国移民政策がこの三つの国を50年以内にシンガポールと同じくらい豊かな国にすることはないかもしれないが、それでも、こうした政策は現状を大きく改善するだろう。

なぜか？　海外からの移民はかなりの程度まで文化の移植を生み出し、移住先の地を移住元の地と良く似たものにするからだ。そして良くも悪しくも、これらの文化移植が国の未来の繁栄を形成するからである。

目次

凡例

・訳注は、本文中に〔　〕の中で示した。長くなる場合は、「†」をつけ、奇数頁の左端に脚注で示した。
・原文中のイタリック部分は、和文の場合、イタリックや傍点などで表記した。
・原文の明らかな事実誤認については適宜修正した。
・原著の注にある書誌情報について、参考文献と表記が重複するものは、省略スタイルにした。
・“government”は、文脈に応じて「政府」または「統治」と訳した。
・“Chinese immigrants”は、「中国系移民」、「oversea Chinese」は「華僑」と訳した。その他文脈に則して「中華系」、「華人」と訳した箇所もある。

序　経済学者は「文化の力」にいかにして気づいたか

経済学が科学であることの一つの証は、人が信じたくないことを経済学は教えてくれるということだ。そして本書は、この経済学者が本当に心から信じたくないと思っている真の物語を語る。

それは1990年代、デスクトップコンピュータの性能が高まったときに始まる。経済学の分野では、コンピュータの性能というこの新たな供給が新しい需要を生み出した。つまり、使いやすい数値計算ソフトへの需要と、グローバル経済に関するデータへの需要だ。まもなくしてそれらの需要が合致し、経済学者はコンピュータ、ソフトウェア、データセットを組み合わせて、事実に基づく調査を大量に供給するようになった。一つの大きな成果として、「国の富の性質と原因に関する研究」がより盛んに行われるようになった。これは、私の専門分野である経済学の父、アダム・スミスの1776年の書のタイトルである[*1]（邦訳のタイトルは『国富論』）。とはいえ、経済学者なら、ある国が他の国よりはるかに豊かなのはなぜかを説明することに注力するのが当然だろうと考える人もいるかもしれないが、長い間この疑問は副次的な問題、学問の僻地とされていた。有力な解説もいくつかあったが――それはおそらく国民貯蓄率のせいだ、とか、その国の政府がいかに市場フレンドリーで自由放任主義かによる、など、まともな統計がなかったため、上質な解説と並の解説を選り分けるのが難しかった。

しかし1990年代に、私たちはついにそのデータを手にした。そこで経済学者は1990年代初頭、統計的検定を際限なく行い、何百もの論文を発表し、繁栄を予測することができるものとできないものを正確に把握しようとした。最初は簡単な検定だった。貯蓄率が高いのは良いことか？　答えはイエス。資本主義の拡大は良いことか？　答えはイエス。こんな具合だ。勝者（戦争を回避する）もいれば敗者（インフレはいずれにせよ、それほど大きな問題ではないように見える――高インフレは問題そのものというよりも、不景気の兆候と言った方が良い）もいた。

繁栄の根本原因への探求は続き、同じく統計分析の競争《ホースレース》の探索も続いた。たとえば、プロテスタントの人口比率や、1960年から1990年の間に起きたクーデターの回数、赤道からの距離など、数十ヵ国からの情報を含む新しいデータセットを経済学者が掘り起こすたびに、それは新しい論文を発表する契機となった。調査はどんどん進んだ――まもなくすると経済学者たちは、

自由貿易度
為替操作
教育レベル

といった、従来からある経済の予測因子を見るだけにとどまらず、

国の総面積
海岸線に近い国土の部分
マラリアの罹患率

など、繁栄の地理的予測因子にも目を向けるようになり、最終的には

ユダヤ教徒、イスラム教徒、東方正教徒の比率
英語を話す人口の比率
その国がスペイン、イギリス、またはフランスの植民地だったかどうか

といった歴史的・文化的予測因子も探るようになった。

多くの論文が長期的繁栄の予測因子を数多く発見した。それらの論文が互いに矛盾することはあまりなかったが、経済学者はそれでも、こうした論文が意図的にせよ意図的でないにせよ、それぞれの著者が好む理論を良く見せるような結果だけを報告しているのではないかと疑った。たとえば、ある経済学者が「プロテスタントの比率」と繁栄の他の予測因子との間で十数回の統計分析の競争《ホースレース》を行った場合、もしかしたらその経済学者は、プロテスタントを良く見せる結果だけを報告したのかもしれない、ということだ。

私は別に、みんなが自分に不利になるような証拠を隠そうとしていたと言うつもりはない――だが、おそらく隠していたのだろう。これはお蔵入り問題と呼ばれるものだ。つまり、統計的分析を行い、その結果に満足していない場合や、その結果を好む編集者がいないと確信できる場合、そのプロジェクトをファイル用キャビネットにしまい込んで別のことに取り掛かる、ということだ。

1990年代半ばには、学会誌に書かれていることを信じるか否かについて多くの疑惑が浮上した。典型的な論文は10〜20の統計結果を報告し（通常、回帰分析として知られている）、それでおしまいにするかもしれない。一つの結果だけを報告するよりはマシだが、これでは包括的とは言いがたい。もし本当に徹底的に検証したいと思うなら、国の繁栄に関するあらゆる可能性のある説明と、他のあらゆる可能性のある説明とを、統計分析で競争《ホースレース》させる必要があるだろう。仮に可能性のある100個の説明リストがあったとして、それを一度に2個ずつ直接対決させるとしたら、それだけで（100×99）/2＝4,950の統計的検定になる。そんなことをしようとする変わり者は誰もいないだろう。

幸い、その風変わりな人物がコロンビア大学にいた。X・サラ－イ－マーティンだ。彼は、ある国の長期的な景気動向のあらゆる可能な予測因子間で究極のそれぞれの七デルの統計分析による競争《ホースレース》を試みた。そして、国の繁栄を予測できる62の要因について、数十ヵ国のデータを見つけた。その後、二つの異なる方法で200万回の回帰分析を行い、それが1997年に発表した論文のタイトルとなった。以来、この論文は3000点を超える学術論文や書籍で言及されてきた。そのタイトルが「私は400万回の回帰分析を実行した」というものだ。[*2]

私の教え子の大学院生たちは、このタイトルのことを話題にすると、いつもくすくす笑う。彼らは通常、一つか二つの統計学クラスしか履修してこなかったため、そうした分析を一つでも正確に実行することがどれだけ面倒であるかを知っている。それをこの教授は400万回も実行したというのだ！　実に徹底している。

それでどの馬が勝ったか？　詳細は割愛するとして、ここに上位三者を挙げる。

一位は、設備投資率（物的資本：工場やオフィスに充満しているもの）
二位は、開かれた貿易をしていた年数（ざっくり言えば、より自由な貿易の尺度、低い輸入関税）
三位は、儒教的背景を持つ人口比率（主に東アジアと東南アジアの文化）

つまり順番に言うと、一つは「標準的な経済学（で扱う）」要因、一つは「政治体制」要因、そして一つは「文化的」要因となる。すべて肯定的な要因であり、多ければ多いほど良いものだ。

この研究結果は、1990年代後半に発表された同じ路線の論文と結びついて、国の富に対する経済学者の見方に革命を起こした。それ以前は、経済学者は研究活動のおそらく80％を標準的な経済学で扱う要因の調査に費やしており、政治体制に費やすのは多くても15％で、文化の研究はほぼ行っていなかった。経済学者が本当に望むのは、国の富について説明することであって、派手なモデルを使った数学ゲームだけをすることではないとしたら、文化の研究から始めなければならなかったのではないか。

そして、経済学者が研究していることと、真に重要に見えるものとの間の衝突は、サラ－イ－マーティンの４００万回の回帰の残りの部分に表れた。サラ－イ－マーティンが調べた可能性のある経済成長の62の推進力のうち、18の要因が彼の手厳しい攻撃に耐えた。この18要因のうち、文化的なものはいくつあったか？　私が数えたところ五つだった。儒教比率に加えて

イスラム教比率（肯定要因）
仏教比率（肯定要因）
プロテスタント比率（否定要因）
カトリック比率（否定要因）

となる。

地理と過去の政治も、景気動向の信頼できる予測因子だった。数千もの統計分析の競争《ホースレース》からわかったのは、過去にスペインの植民地だったこと、またはサハラ以南アフリカやラテンアメリカの国であることによって、脆弱な景気動向が予測されるということだった。赤道から遠い国であることは、期待通り繁栄の予測因子となった。ジョークにもあるように、サンタ村が世界で最も生産性の高い経済圏であるのもこの理由からだ。文化、地理、そしてスペインの植民地化という遠い経験を合わせたものがサラ－イ－マーティンの勝者の半分を占めたが、当時、これらの要因に対する経済学者らの注目度は、半分どころか、それよりもはるかに低かった。

彼が論文を発表してから事態は変わった。文化、地理、過去の影――経済学者はこれらすべてを

国と国との比較《クロスカントリー》、実験室実験、理論、歴史的調査を通じて研究している。本書はその物語の一部を、特定の視点から紹介する。つまり、過去の影が文化を通じてどのように伝達されて、現在世界中に見られる多様な経済を形成しているかを示していく。そして、人々が単なる「地理の力」と考えていることの多くが、実はまったくそうではないということを示そうと思う――それはまさに偽装された文化なのだ。

どうしてそう確信できるのか？　なぜなら、特に過去5世紀の間、ヨーロッパの大航海時代がきっかけとなって人々は移動を始めたからである。彼らは数百万人単位で、ある国から別の国へ移動してきた。自ら進んで移動する者もいたが、たいていは強制されて移動した。そして移動しても、彼らが完全に同化することはほとんどなかった。

第1章 同化という神話

制度の異なる場所へ移民が動くと、次第に彼らの文化的価値観はいやおうなしに変化していくが、皆無ではないとしても二世代以内に変化することはめったにない。

——アルベルト・アレシナ&パオラ・ジュリアーノ『ジャーナル・オブ・エコノミック・リテラチャー』2015年*1

想像してみてほしい。世界で最も豊かな国の一つであり、競争市場、軽度な政府規制、比較的有能で古典的リベラルな政権を誇る国。確かに重大な犯罪や貧困地域などの欠点はあるが、空想の国ではない現実に存在する他の国に比べると明らかに成功している。この国の豊かさを報じるニュースは、遠く離れた国から何百万人もの移民を引きつける——そしてこの成功した国の資本主義者は、国の経済をより迅速に成長させる低賃金労働者である移民を歓迎する。

貧しい国から豊かな国へやって来る移民は仲良く暮らすためにその国へ迎合していくだろう、と考える人もいるかもしれない――この豊かな国を改革しようと、政治的・経済的変化を要求するようなことはしないだろう、と。この国の経済がうまくいっていれば、結局のところ、新しく入ってきた人たちはその体制をそのままの形で運営させておくべきなのだ。ほとんどの国はもっと酷い状態なのだから。

ところがそうではない。移民、または少なくとも政治的に組織化された大規模な移民の一部は、母国の思想、母国で支持されていなかった思想を持ち込む。社会主義、無政府主義、強力な労働組合、マルクス主義のいろいろな要素――彼らはこうした、そもそも地図にも載っていないような思想やその他のものを新天地に持ち込む。移民は新しい経済イデオロギーを輸入するのだ。

しかもこの新天地は多かれ少なかれ民主主義なので、政治家は有権者の声に応える。最初は狭い歩幅で一歩ずつ前進するのだが、それでは移民活動家や彼らがその大義に改宗させた人たちを喜ばせるには十分でない。そして活動家が社会主義をさらに強く推進するにつれて、エリートたちは反発し始め、軍隊まで引き入れて伝統の側に立とうとする。しかし軍のリーダーたちは分裂している――彼らの中には、社会主義活動家は良い点をたくさん指摘している、または少なくとも社会主義活動家というのは自分たちの目的のために選んだ一つの運動だと考える人もいる。

そして中流階級（専門職や専門者に近い人、すなわちホワイトカラーの労働者）は、この中のどの立場に立っているだろうか？　これはかなりの規模の中流階級がいる国であり、おそらくこんにちの基準からすれば人口の約3分の1が中流階級だ。彼らは伝統ある市場フレンドリーなシステムの支持者として出発した。しかし社会主義者は数多くの高給取りのお役所仕事、つまり安定した仕事を約束し、それが彼らにとっては大きな魅力となった。さらに社会主義者は強い社会的安全網《セーフティーネット》も約束した。それは、失業や病気が永久的な貧困につながるのではないかという不安を常に抱えている中産階級にとって慰めとなる。中流階級は長い間右派を支持してきたが、左派の方へ引き寄せられている。彼らは今や、勝敗を決する票を握っている。

最終的には、融合主義の指導者が権力を握る。そして、左派の本質と右派の虚飾の一部を融合させるのだ。この指導者はエリートへの高額課税を推し進め、経済に対する政府の規制を強化し、より高額な政府支出を推進する。彼の妻は自分の力で名を馳せ、慈善組織を設立し、福祉国家への道を切り開く。この融合主義の指導者が現れる前、この国には他にも数人の指導者がいて、その後もまた、それぞれの物語を持つ別の指導者が続いていくのだが、遠くから見れば全員、この指導者とほぼ変わりはない。こうした指導者らは穏健な社会主義を提供し、中流階級から十分な支持を得て、合理的で公正な多くの選挙で勝利する。そしてこの国は、世界で最も豊かな国の一つから、インドネシアやパラグアイやエジプトよりも少し裕福というだけの、世界の中堅国の一つにすぎない国へと変化し、再び目立つ存在になることはなく、再び他の国が見習おうとするような模範となることもなく、また、世界中の移民を引きつける磁石のような存在になることもない。魔法が解けると移民の波も消えていった。

アルゼンチンの物語

これはアルゼンチンの物語だ。

1913年、主に輸出志向の活気に満ちた畜産業のおかげで、アルゼンチンは当時の基準からすれば豊かな国だった。アルゼンチンの1人当たり平均所得はフランスより15%高く、ドイツより10%低いだけだった。2016年になると、1人当たり平均所得が、フランスはアルゼンチンより100%高く、ドイツは140%高かった。[*2] アルゼンチンは落ちこぼれの天才だ。はじめは有望株だったのに、ほとんど何も達成しなかったのだから。

どうしてこんなことが起こったのか？　経済学の教科書の標準的な解説によれば、説明できない何らかの理由でアルゼンチンの経済制度が悪化したからだ。その制度は適度に市場フレンドリーで有能だったものから、中程度に社会主義的で、はるかに能力が劣り、そしてはるかに腐敗したものへと変わっていった。しかしなぜ、経済体制は悪化したのか？

経済学者に答えを求める代わりに、アルゼンチンの歴史に関する標準的な学術研究を手にとってみたい。『ペンギン版ラテンアメリカ史』には以下のような記述がある。

アルゼンチンの労働組合はアナーキストとサンディカリストが率いていた。彼らの多くが、ブルジョワ国家を打倒するための手段として、直接行動と革命的ゼネストへの信念をヨーロッパから持ち込んだスペイン人とイタリア人の移民だった。[*3]

ブルジョワ国家を打倒する。それは、20世紀の経済発展につながることのなかったアプローチだ。そして「アルゼンチンへ渡ったスペイン系移民、1870~1930年」の章にはこう書かれている。「アナーキズムはアナルコ・サンディカリズム〔無政府組合主義〕の非革命的な形をとって、移民と共にアルゼンチンにやって来た*4」。

デヴィッド・ロックは、広く引用されている学術的な歴史書『アルゼンチン、1516~1982年』でこの発見について繰り返し述べ、アナーキストがいかにアルゼンチンの政治を変えることになったかを示している。

アルゼンチンのアナーキズムはまず、イタリアとスペインからの移民の間で1880年代に登場した（…）労働不安が表面化すると、アナーキストは従来の個人主義を放棄し、労働組合の組織化に乗り出した（…）FORA〔移民が支援する主要なアナーキスト労働者連盟〕は数年にわたって、「ブエノスアイレスの」政治生活において重要な役割を担っていた*5。

そしてアナーキストは実に多様だった。

フランス人のウジェーヌ・デルマが最初のオルガナイザーを務めたが、まもなくしてスペイン人のホセ・プラットとフリオ・カンバが加わり、アナーキスト連盟のスペイン支部を先導した（フランス支部とイタリア支部もあった[*6]。

アルゼンチンへの移民の波は、この国の政治に大きな、そして明らかな影響を及ぼした。１９７０年に『ヒスパニック・アメリカン・ヒストリカル・レビュー』に掲載された書評は、１８９０年から１９１４年にかけてのアルゼンチンへの大量移民の波がもたらした「圧倒的な社会的・経済的・政治的衝撃」について述べている。これはアルゼンチンの人口の累計30％が外国生まれだった時期だ。評者は、「移民がもたらした無血革命」と説明した[*7]。労働者オルグのサラ・ファニー・サイモンは１９４０年代に次のように書いている。

［南米への］これら新しい移民は、特にアルゼンチンにおいて、20世紀の最初の20年間にかなりの割合を占めていると想定されたアナルコ・サンディカリスト運動の主要な推進者だった[*8]。

そして、『アメリカ政治社会科学アカデミー紀要』に掲載された１９７０年のもう一つの記事では、アルゼンチンを拠点とするある大学教授がこの物語に再考を加えている。彼は、自国への大量移民を同化の大きな成功例として見ている。というのも、新しい移民はしばしばアルゼンチンの他の一般大衆と手を組み、国の寡頭勢力を弱体化させたからである。

イタリア人とスペイン人は非ラテン人よりうまく同化していた（…）それは（…）［アルゼンチンの］

クレオールのエリートにとっては望ましくない成功であり、彼らは寡頭勢力による政治権力［の掌握］を弱めるような社会的変化を起こすことなく、低賃金で従順な労働力を得ようとしていたのだ。*9

これをどのように見ようと、そこには学術的なコンセンサスがある。すなわち、この大量移民の波は、アルゼンチンの政治文化を永続的に変え、アルゼンチンの政治を人民主義と産業の政府主導化へと向かわせ、比較的市場志向の体制から遠ざけたということだ。経済学者は日常的に、かつてはかなり有望視されていながら大きく遅れをとってしまったアルゼンチンの悲惨な運命について言及している。彼らは通常、アルゼンチンの衰退を「制度」の悪化のせいにする。経済ゲームのルールと言える経済制度が、アルゼンチンではかつて良好に働いていたのだが、その後悪化していった。しかし彼らはそれがどのように悪化したかについては言及していない。悪化の主な理由の一つは、新しい人が新しい思想をもたらしたからだ。そしてこれらの思想が政府を変え、経済を変え、アルゼンチン経済の未来を形成したのである。

態度を輸入する

これは一つのエピソードにすぎない。かつての、ある国の物語だ。エピソードというのは記憶に残るものだが、これが通常のパターンなのか、それとも単なる歴史の偶然なのかを確認する努力は惜しむべきではないだろう。おそらく、ジョージ・メイソン大学の私の同僚のブライアン・カプランが推測するように、人は移住先の国の規範に従う傾向が強いのかもしれない。これは、現状維持バイアスとして知られるもので、ボートを揺らすのではなく、大勢に流されようとする傾向のことだ。カプランは『ケイトー・ジャーナル』にこう記している。

人には、すでに存在するものを好むという一般的な傾向があるとしたら、より自由至上主義的な社会に人々を効果的に受け入れれば、彼らはより自由至上主義的になる。「自由とはすでにここにあるものだ。ならば、それを守り続けよう」と。[*10]

おそらくこれが、こんにち普通に起こっていることだろう。21世紀、移民とその子孫は、新しい母国の政治的態度や文化的規範にいやおうなく同化している。南北アメリカへ移住したイギリス人、スペイン人、ポルトガル人の移民とその子孫が、16～17世紀のネイティブアメリカンの現状に適合しなかったことを私たちは知っているが、それはかなり昔の話だ。おそらく物事は大きく変わっている。

幸いにも、現代のアメリカ合衆国やカナダ、西ヨーロッパへの移民が新しい母国に100％同化するか、または自国の態度を100％維持するか、もしくはその中間なのかを調べた実証に基づく文献は膨大な数にのぼる。さらにありがたいことに、移民第二世代、第三世代、さらには第四世代（移民の子ども、孫、曽孫）が、自分たちの先祖の文化の一部または全部を今も新しい母国へもたらし続けているかどうかについても、世界中の大学教授らが調査をしている。

食べ物に関して言えば、ある程度こうしたことが起こるのを私たちは知っている。ユダヤ人である私の祖母はマッツォボールスープ〔ユダヤ人の伝統料理〕を作るのが大好きだ。家族の記録はあいまいだが、彼女自身も東欧から渡ってきた先祖を持つ移民第二世代である。先祖の母国からレシピを持ち込むというこのパターンは至るところに見られ、もちろんそれはすばらしいことだ。

しかし私たちの核となる問題は食べ物とは関係ない。それは質素倹約、他人への信頼、家族のそばに住むことの重要性、政府規制に対する意見といった個人的特性に関わるものなのだ。移民はこれらの問題に対する態度を新しい国に輸入するのか、そしてこれらの態度は少なくともある程度まで、世代から世代へと受け継がれていくものなのか？　新しい国に完全に文化的同化を果たすというのは神話にすぎないのだろうか？

ここ十数年の間に、社会科学者らはこうした単純ながらも効果的な疑問に答えるための新しい方法を見出してきた。彼らは既存の世界世論調査――典型的なものでは「世界価値観調査」を利用しているが、[*11] 他の世界的調査も参考にしている。このアプローチはいたってシンプルだ。たとえばイタリア系アメリカ人と他のアメリカ人を比べて、この二つのグループが互いに似ているかどうかを見るのではなく、イタリア系アメリカ人とイタリアに住むイタリア人を比較する。同様に、スウェーデン系アメリカ人とスウェーデンに住むスウェーデン人を比較する。これにより、ある率直な疑問が提起できる。こうしたそれぞれ異なる「何々系アメリカ人」たちの態度の多くは、自国で何が起こっているかを知ることによって予測することができるか？　スウェーデン系アメリカ人はスウェーデン人ととても良く似ているか？　イタリア系アメリカ人はイタリア人ととても良く似ているか？

こうした疑問に私たちが答えられるのは、「総合的社会調査」[*12]（アメリカ人の態度に関する年に一度の標準的な調査で、数十年前に始まり、学術研究で広く利用されている）が、単に政治問題に関する意見や星座について人々に聞くだけではないからだ（とはいえ、これらのトピックに関する回答も報告しているのだが）。この調査は、先祖はどこの出身か、その先祖は大体何年前にアメリカに来たかといったことも尋ねる。こうした問いへの回答の中にはあまり信憑性がないものもあることは想像できるだろう——家族歴が複雑すぎて、良く思い出せないことがしばしばあったりするからだ。しかしこれによって、彼らが見出した関係性はより印象的なものになる。不正確でまちがいだらけの先祖の推測から実際の関係性がわかるのだとしたら、自分がどこから来たかに関するより正確な尺度があれば、きっともっとうまくいくだろう。

信頼は移動するか

有名なパリ政治学院に在籍する経済学者のヤン・アルガンとピエール・カユクは2010年、このトピックに関する今や古典となった論文を書き、私の専門分野のトップ・ジャーナル『アメリカン・エコノミック・レビュー』に発表した。[*13] 彼らはある疑問に焦点を絞った。すなわち、ほとんどの人は信頼できると思うか、それとも全体的に見て、他人と接するときは用心に越したことはないと思うか？　という疑問だ。

この的確な問いかけは、ほんの少しだけ手を加えて、過去数十年の間に十数ヵ国において十数ヵ国語でなされ、回答されてきた。これは国の信頼性の温度を測る標準的な方法だ。

地球全体としては、スカンジナビア諸国（スウェーデン、デンマーク、ノルウェー、フィンランド）がたいていリストのトップにくる。1997年、この事実が特に衝撃的な形で明るみに出た。ニューヨーク市を訪れたあるデンマーク人の母親が、食事をしにレストランに入り、外にベビーカーを置いた――赤ちゃんをベビーカーに残したままだ！　誰かが警察に通報したのは言うまでもない。母親のアネット・セーレンセンは逮捕され、生後14ヵ月の女児は「児童福祉当局に一時的に保護された」[*14]。母親は当局に対し、デンマークでは親が店にちょっと立ち寄っている間に、赤ちゃんをベビーカーに乗せたまま外に置いておくのはいたって普通のことだと、根気強く説明した。そもそも誰が赤ちゃんを盗もうとするだろうか？

屋内のレストランでの食事中は、赤ちゃんを外に置き去りにしてもいいというのは一般的な感覚だ。少なくとも、見知らぬ人に対する信頼レベルが信じられないほど高いデンマークでは常識である。

ブランチ・デュボアが『欲望という名の電車』〔1947年にピューリッツァー賞を受賞したテネシー・ウイリアムズの戯曲〕で経験したと語っていること、つまり見知らぬ人の親切に頼るということが、本当に可能な国があるのは確かだ。もちろん、どこでもそうだということではない。アメリカでは、迷子になったら警察官や消防士、必要ならば店で働いている誰かを探しなさい、と子どもたちは教えられる。そしてその人に迷子になったことを伝えなさい、と。ところが日本での標準的なアドバイスは違う。子どもたちは、誰でもいいから自分と同じ日本人のところに行って、その人に「迷子になりました」と伝えるように教えられるのだ。文化によってかなり異なる。

経済のほとんどは信頼の上に成り立っている（100％の信頼というわけではないが、かなりの信頼だ）ため、経済学者は莫大な理論的・経験的努力を、信頼とそのより重要な双子である信頼性〔信頼する価値があること〕が、いかに国の富を形成しているかを示すことに捧げてきた。比較的信頼度の高いアメリカでは、人々は自分では実際にコントロールできない会社の株を買う。その会社の経営陣が利益の一部を自分たちに分け与えてくれることを期待して。そして長い目で見れば、その信頼が利益をもたらしてきた――金を儲けたいと思っている経営者にも、長期的な手厚いリターンを望む投資家にも。しかし信頼度の低いイタリアでは、株式公開による資金調達を行う企業は非常に珍しく、むしろ家族経営の会社の方が一般的である。家族経営の会社なんてなかなかすてきだと思うかもしれないが、それは多くの場合、その会社がまったく見ず知らずの人に自分の会社へ投資することを納得させることができないということの証なのだ。なぜ見知らぬ人は投資をしようとしないのか？　その会社の利益の公正な分け前がもらえるかどうかの確証が得られないからだ……だから会社は家族の手で維持しなければならない。

CEOが投資家に利益の一部を分配してくれると信じることから、対立する政党間の政治的取引が成立するだろうと信じることや、従業員は誰も見ていなくてもトイレをきれいに清掃するだろうと信じることに至るまで、良好な社会的結果は信頼の上に成り立っている。だからこそ、信頼問題は態度の移動に関する探求の始まりとなるのだ。

まずは第二世代以降から始めよう。つまり両親、祖父母、または曽祖父母が移民だった成人だ。アルガンとカユクは、この大きなグループの中で、先祖の母国で築かれた現在の信頼の態度が、その母国出身の先祖を持つアメリカ人の信頼の態度を予測する上で大きな役割を果たしていることを発見した。[*15] 他の国出身の先祖を持つ移民と比較した場合、信頼に対する出身国の態度の46%が持続していた。信頼度の高い社会の出身者は、その信頼度の高い態度の約半分を子孫に引き継ぎ、信頼度の低い社会の出身者はその信頼度の低い態度の約半分を子孫に引き継ぐ。平均すると、何々系アメリカ人は、「何々」の部分に入る国から、信頼に対する態度の約半分を得ているようだ。

しかしこの46%という数字は、ほとんどがアメリカで生まれた移民第二世代から来ている。第四世代だけを見ると、移民の曽孫は他のアメリカ人と見分けがつかなくなっているのがわかるだろう。アルガンとカユクは移民第四世代、つまり、自分の曽祖父母が生涯を通じて海外で暮らした直近の先祖であるような人々だけを調べて、この理論を検証している。そして彼らには何がわかったか？　同じく46%が持続していたのだ。

図1・1は、彼らの発見の全体像を示している。横軸から、出身国または出身地域の平均的な信頼度がわかり、縦軸からは、先祖がその国または地域出身だというアメリカ人（第二世代以上）の平均的な信頼度がわかる。言葉遣いに注目すると、「国または地域」というのは、先祖調査の一般的な方法を反映している。この「総合的社会調査」の質問は実際、「あなたの先祖は世界のどの国または地域出身ですか？」となっている。選択肢のリストは不完全で、ヨーロッパとアジアの多くの国が含まれているが全部ではない。このリストはさらに、「アフリカ」など、ある地域の総称も含んでおり、「その他のヨーロッパの国」といった残余カテゴリーも含んでいる。そして忘れてはならないことがある。先祖に関するこれらの大まかな測定が、現代の経済的産出と実質的な関係があるとしたら、それは、調査測定が正確であればあるほど強い関係性を見出すことになるという証になる。これらの大

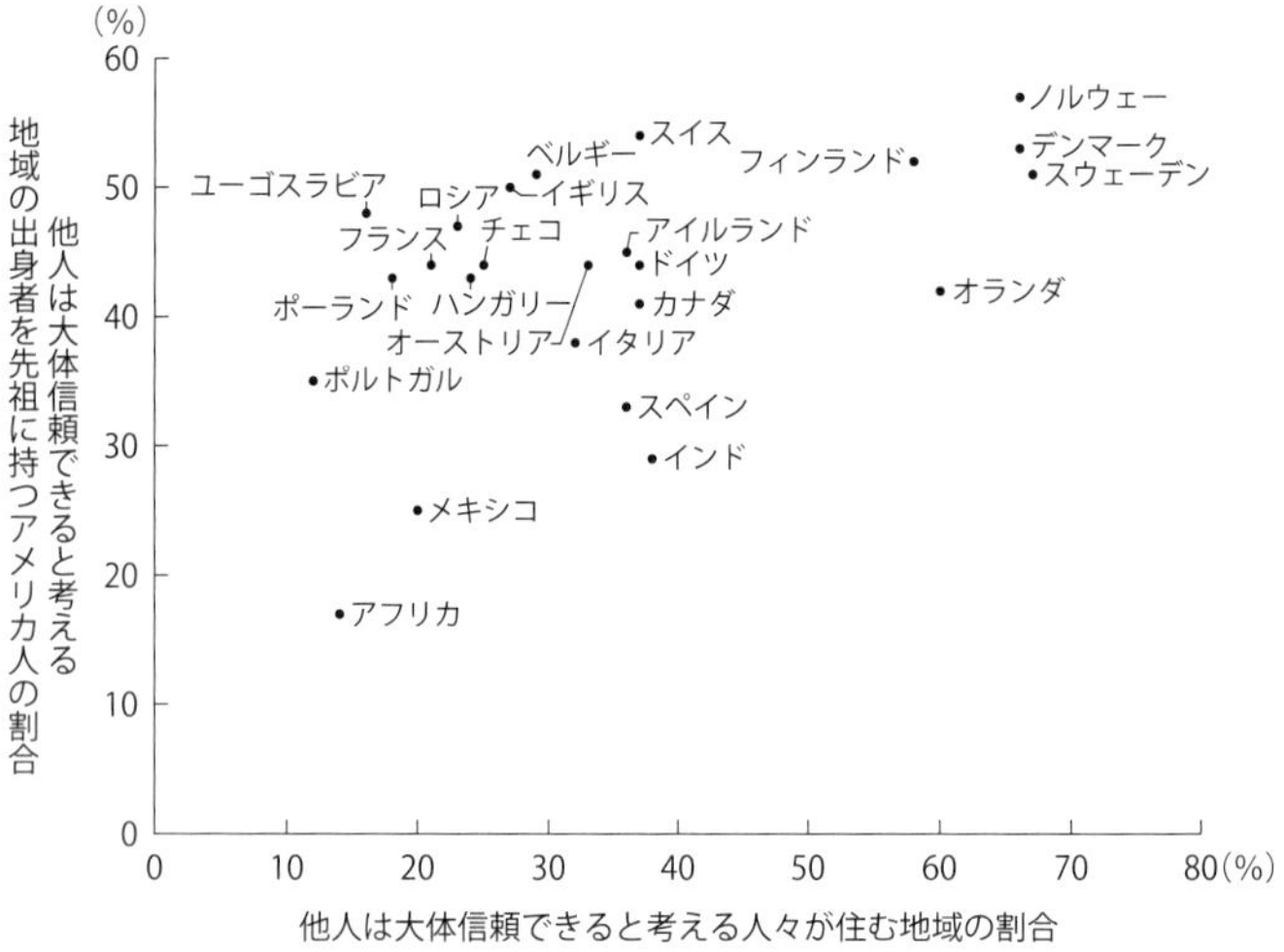

図1.1　信頼の移動

母国の地域における平均的な信頼度により、その地域の出身者を先祖にもつアメリカ人の平均的な信頼度が予測できる。

出所：Algan and Cahuc (2010)

まかな先祖測定からのメッセージは首尾一貫している。先祖の母国における平均的な信頼度は、何々系アメリカ人のそれぞれ異なるグループ間の平均的信頼度の違いの約半分を説明する、ということだ。

これと同じ手法（出身国の平均特性と移住国の平均特性を比較すること）は、これまで何十回も使われてきたし、何十ヵ国もの移民受け入れ国について行われてきた。第四世代まで到達するのは稀だが、本章で取り扱う研究はいずれも、少なくとも、両親が移住した国で生まれ育った移民第二世代の態度や信念を報告したものである。

アメリカは、信頼の態度が国境と世代を超えて移動する類まれな国だと思うかもしれない。しかしそうではない。

まったく違うのだ。ヨーロッパのさまざまな国からカナダに来た移民第二世代に着目した研究によると、出身国の信頼度の4分の1が持続していることがわかった。[*16] 平均すると、スウェーデン系カナダ人は最も信頼度が高く、スペイン系カナダ人はそれよりも20％低い。オーストラリアに移住した移民第二世代とアメリカに移住した移民第二世代を比較した研究では、アメリカの係数は71％の透過率と大きく、オーストラリアの係数は17％の透過率と小さかったと報告されている。[*17]

ストックホルムの産業経済研究所のマーティン・リュングが著した2014年の論文は、二つの国を対象にしているだけではない。「ヨーロッパのみならず、アフリカ、南北アメリカ、アジアの幅広い国々を含む87ヵ国」からやって来た、ヨーロッパ全土の29ヵ国に移住した移民第二世代を対象としている。[*18] リュングの最もユニークな発見は、「先祖の信頼を伝達する上で、母親は父親よりも重要である」ということだ。

これは、母親と父親の影響の違いを研究したものとして私が知る限り唯一の論文で、その違いは非常に大きい。彼の発見では、移民第二世代にとって、母親の国の平均的な信頼度は子孫に100％伝達される。このプロセスにはノイズがある。およそ半分の人が120％、もう半分が80％、母国の信頼を引き継いでいる。しかし平均すると、それは1対1の関係になる。移民の父親は対照的に、出身国の信頼の約3分の1しか伝達しない。

これまで、カナダ、アメリカ、オーストラリア、そしてヨーロッパのエビデンスを見てきた。信頼はこれらすべての地域で第二世代まで持続している（しかしオーストラリアでは明らかに少ない）。そして第四世代まで研究した唯一のケースでは、信頼または不信の傾向がそこでも持続しており、その割合は46％だった。信頼はその国の繁栄のレシピにとって不可欠の材料であり、この発見はヨーロッパの多くの富裕国や北アメリカの多くの学者によって再現されてきたため、それには特別な注意を払いたい。つまり平均して、移民の母国がもたらす信頼に対する態度の約40％が移民第二世代に伝達され、同じく約40％が少なくとも第四世代（移民の曽孫世代）まで持続するということだ。

文化変化のスパゲッティ理論

ところで、文化の変化は双方向のものなのだろうか？　移民が長年の居住者を変え、長年の居住者が移民を変え、双方が中間地点のどこかで出会うということは、あまりないことなのか？　そしてもしその「40％持続する」という主張を額面通りに受け取るならば、残りの60％の文化的態度には何が起こっているのだろうか？　そうした文化的特性は消えてしまうのか、それともその代わりに、それらは移民の新しい母国の文化に統合され、その国を何か新しいものに変えるのだろうか？

スパゲッティの場合を考えてみよう。もし私がイタリア人の血筋を引いているという中途半端な信憑性を主張できるのであれば加入したいと思っている、ザ・オーダー・オブ・ザ・サンズ・オブ・イタリー〔イタリアの息子たちの騎士団〕という団体によると、アメリカ人の約6％がイタリア人を先祖に持つという。[*19] ところが『ナショナル・ジオグラフィック』は、アメリカ合衆国にあるすべてのレストランの約12％（8分の1）がイタリア料理を提供すると報告している。[*20] しかもなぜそれほど多くのレストランがイタリア料理を出すのか、みんな知っている。おいしいからに決まっている。ピザやパスタ、子羊のカツレツを食べるのはイタリア系アメリカ人だけではない。ほぼ全員が食べる。南イタリア人の下層階級の民族料理として始まったものが――特に肉をもっとたくさん加えることによって――アメリカという新しい故郷に適応したのだ。そして主要料理のデフォルトの一つとなり、アメリカの民族を超えて受け入れられている。

スパゲッティと言えば、イタリア人がアメリカへやって来て、イタリア人がアメリカを変え、アメリカという国をもう少しイタリアっぽくした。アメリカ人の食事の選択肢を分析している素朴な統計学者ならこう言うかもしれない。「これはイタリア系アメリカ料理のように見えるが、他のアメリカ人もみなほとんど同じものを食べている。彼らが食べているのは、ハンバーガー、スパゲッティ、ピザ、そしてホットドッグだ。まるでイタリア人が完全にアメリカに同化したみたいだ！」

しかしもちろん、この統計学者は、この物語の大事な部分を見落としている。つまりスパゲッティとピザだ。食べ物ということで言えば、イタリア系アメリカ人と他のすべてのアメリカ人は、その中間点で出会った――彼らは、互いが互いを変えたのだ。イタリア人は他のアメリカ人に歩み寄り、他のアメリカ人はイタリア人に歩み寄った。イタリア人はある程度まで私たちアメリカ人と同化した。考えてみれば当たり前のことだが、あまりに多くの移民研究者が見落としていることでもある。すでに存在している文化に移民が同化しているかどうかは、移住後の文化を見ただけではわからない。

なぜか？　スパゲッティがその理由だ――移民が既存の文化を変えるとすれば、「移民の同化」として考えられていることは、それぞれの側が、少なくとも少しだけ他方の側に同化しているということなのである。

私はこれを文化変化の**スパゲッティ理論**と呼んでいる。そしてこれこそが、私たちがほとんどすべての労力を費やして、イタリア系アメリカ人を、他のアメリカ人ではなくイタリア人と比較すべきだとする大きな理由なのだ。かつて私たちは、これを単に人種のるつぼ《メルティングポット》理論（1908年に発表されたイズレイル・ザングウィルの有名な戯曲『人種のるつぼ』をきっかけに一般化された用語）と呼んでいたが、**スパゲッティ理論**は、私たちがデータの中に見てきた、そしてこれからも見続けるであろう部分的で不完全な同化を説明するのにきわめて重要な、中間点で出会うという要素を捉えている。

民族料理はスパゲッティ理論をわかりやすく例証している。個人的な例を一つ。私はカリフォルニア州のオレンジカウンティで育った。ここは、共産主義の圧政から逃れたベトナム市民の安全な避難所となり、数十年の間に、オレンジカウンティの多くのベトナム系アメリカ人が、母国の料理を仲間のアメリカ人に提供する人気のレストランを建設してきた。今となっては、夕食にバインミー〔ベトナムのサンドイッチ〕やフォー〔ベトナムの麺料理〕を食べにレストランへ出かけるのは、私の家族では当たり前になっている。1970年代初頭には想像もできなかったことだ。それは、移民とその子孫が他のアメリカ人の食習慣を形成し、隣人に少しだけ同化していることの表れである。

結局のところ、スパゲッティ理論はピア効果についての新しい考え方である。意識的にせよ無意識的にせよ、自分の周りの人たちが、少なくとも少しは、自分を形成しているということだ。幕が上がり、芝居が始まれば、持っていたスマートフォンをミュートにする人を見たことがあるし、私も同じことをする。夕暮れが近づくと車のヘッドライトがつくのを見たことがあるし、自分も忘れずにそうしている。隣人が私たちを形成するのだ。私は前書『ハイブ・マインド』[*21]で、人間の行動に対するピア効果の他の例について次のように言及した。

隣人が宝くじに当たると、あなたもその年、高級車を買う傾向が高まる。

もしあなたがスーパーマーケットのレジ係で、高速でバーコードをスキャンする係員の隣のレーンにたまたま配置されたら、あなたが食品をスキャンするスピードも速くなる可能性が高くなる。

アッシュ効果：部屋にいる人全員に、この3本の線のうち一番長いのはどれかと尋ね、他のほとんどの人がまちがった情報に基づいて、明らかに一番短い線が一番長いと言ったとすると、あなたは、その勘違いした大多数の意見に同意する可能性が高い。結局、どこから意見を得れば良いのか？大衆の知恵からか、それとも嘘をついている自分自身の目からか？


スパゲッティ理論は、私たちはみな、少なくとも少しだけ、互いに模倣し合っているという考えに基づいている。そしてそれは、長年の居住者にも新参者にも当てはまる。あと数年後に、それがもっと徹底的に検証されるのをぜひ見てみたいが、これは日常的な観察という土台の上に構築されているため、レストランの世界だけにとどまることはないだろう。

倹約は受け継がれるか

本章では、信頼の長期的な持続性について多くの時間をかけて見てきた。その一つの理由は、非常に多くの人が実にさまざまな方向から移民の信頼というトピックについて研究してきたからである。これは何年もの間、徹底的に調べ上げられてきた分野だ。またそれが重要でもある理由の一つは、すでにビジネス、経済、政治学全体に、信頼は（信頼する価値と結びついた場合）、繁栄と生産性にとって非常に重要だということを主張する学術文献がたくさん存在するからだ。さらに信頼が重要なのは、信頼は厚ければ厚いほど良いというのが一般常識だからである。

ところが繁栄にとって重要なのは信頼だけではないし、幸い経済学者らは、他の移民特性が第二世代以降まで持続するかどうかの調査も行ってきた。最近発表された二つの論文は、イギリスとドイツに渡った移民の子どもたちが、倹約（質素）に対する態度の多くを両親の母国から輸入しているかどうかを調査している。文化的持続性という研究分野を率いるUCLAのパオラ・ジュリアーノが共同執筆した論文は、国民貯蓄率の高い国からの移民は、自分自身でもかなりの額の貯蓄をしている可能性が高いかどうかを調査した。[*22] ジュリアーノは金融行動についての調査に回答したイギリスへの移民第一世代、第二世代、第三世代について調べた。この調査では、回答者がいくら貯蓄しているかを尋ねている（単位はポンドで、収入の割合ではない）。回答者が過去1年間に貯蓄したかどうかを尋ね（「はい」と「いいえ」で答えられる質問）、さらに過去数年にわたるその人の貯蓄総額の変化について尋ねた。

三世代すべてにおいて、先祖の国の国民貯蓄率は実際、イギリスにおける貯蓄行動の予測因子となった。ところがそれは、特に第二世代で顕著だった。貯蓄率の高い国の出身者を両親に持つ人は、貯蓄率の低い国の出身者を両親に持つ似たような人と比べて、節約する傾向が顕著に強かった。貯蓄額や貯蓄経験の有無、数年間でどれほど資産が増えたかにかかわらず、移民の子どもたちは両親の出身国の国民が行う金融選択とかなり似通ったように見える金融選択をしたのだ。

それは揺るぎない結果だった。倹約はどうやら、ある程度まで輸入されているようだ。そこには興味深い外れ値、例外規定があった。たとえば、ガーナからの移民第一世代は低貯蓄国出身だが、ひとたびイギリスに渡ると、平均して多くの貯蓄をするようになる。しかしやはり規則はある。たとえば、中国系移民は国民貯蓄率が高い国の出身で、イギリスでの貯蓄レベルも高い。

ヨーロッパの学者グループは、ドイツに関しても同じような研究を行い、ヨーロッパ、アジア、アフリカ、南北アメリカなど幅広い国々の出身者を両親に持つドイツへの移民第二世代に焦点を合わせた。文化移植の理論は、ここでも同じく当てはまった。「倹約と富の蓄積に価値を置く国の出身者である移民第二世代は、ドイツでの貯蓄額が増える傾向にある」[*23]。

彼らはさらに、「イギリスのデータを利用して［この］結果を確認した」と記している。二つの別々の学者グループが同じ結論に至った。つまり、移民の出身国が実際に、移民の子どもたちの倹約ぶりを予測する手助けになるということだ。これまでわかっていることに基づくと、移民は倹約や金融不安への配慮に対する見方や、イソップ物語のがまん強いアリのように行動するか、それとも近視眼的なキリギリスのように行動するかに関する見方のかなりの部分を輸入しているということだ。そして国全体にとっても、より倹約すればより貯蓄が増え、したがってより投資を増やすことができるということになる。それはまた、ベンチャーキャピタルや研究開発、さらには大学教育――すべての投資形態、将来の所得を増やすためのあらゆる方法――にまで、より多くの資金が投入されることを意味する。将来への態度はかなりの程度まで文化的な態度であり、善悪の問題ではない。そして移民はかなりの程度まで、それらの文化的態度をある国から別の国へと移植することができるのだ。

家族的価値観の危うさ

仲良し家族を好まない人などいるだろうか？　資本主義の虐げる手こそまさにその人だ。何があろうと母親と父親のそばで暮らそうとした場合、それは両親が住んでいる地域の近くでしか仕事を探すことができないことを意味する。つまり、最善のチャンスを求めて遠くまであまねく探しまわることはできないし、自分にしかないスキルに最も適した仕事を探せる可能性も低くなるということだ。それが、経済学者が労働市場のサーチ理論と呼ぶものの重要な、しかし明らかな洞察の一つである。自分が生まれた街の外で探すことができれば、おそらくより良い仕事が見つかるだろう。探す場が広ければ広いほど、通常は自分に合ったものを手に入れることができる。

もちろん、家族とどれほど近くにいたいかは各人の希望に任せるのが良いだろうが、研究者はそれと同時に、絆の深い家族の社会的な影響について調べるべきである。そしてここでも、移民関連の文献が道を示してくれる。今回の著者は四人で、すでに本書にも登場したフランスを拠点とする学者アルガンとカユク、そしてUCLAのジュリアーノとハーバード大学の経済学者だった故アルベルト・アレシナである。彼らは協力して、アメリカへ渡った移民第二世代の態度と人生における業績について研究した。[*24] 彼らはここでも、以下のように言い換えられる家族関連のいくつかの質問を大人たちに問う「世界価値観調査」を利用している。

1. あなたは親と一緒に住んでいるか？
2. 親が良い人間であろうと悪い人間であろうと、正しかろうとまちがっていようと、彼らを尊敬することはどれほど重要か？
3. 親に誇りを持たせることはどれほど重要か？
4. 親が子どもの幸福のために自分の幸せを犠牲にするのはどれほど重要か？
5. 親に従うのはどれほど重要か？
6. あなたの人生にとって家族はどれほど重要か？

家族的価値観の強い国から来た移民の場合、その成人した子どもたちはどうなるだろうか？　著者らは次のようにまとめている。「家族的価値観のそれぞれ異なる尺度はすべて、賃金に有意な影響を及ぼす」と。*25 ところが、あなたが期待していたのはそれではないかもしれない。「家族主義的な国［すなわち家族的価値観がより強い国］から来た移民第二世代は、われわれのモデルから予測されるように賃金が低い」。*26

家族的価値観が強いほど、その家族は貧しいということが予測される。母国の文化が移民の賃金に影響を及ぼすということは、控えめながらも真実なのだ。たとえば、成人した子どもが親と一緒に暮らしている家族の割合を考えてみよう。イタリアでは、35％の家族がそうしている。スイスではわずか10％だ。著者らは、家族の絆に大きな格差のある国の出身者を両親に持つアメリカ人は、平均して賃金に5%の格差があることを発見した。そして高い賃金をもらうことが予測されるのは、より独立心の強いスイス系アメリカ人である。これと同程度の影響は、六つの家族的価値観尺度のすべてに表れている。つまり、単に有意的な結果が得られた親家族の回答だけを選んだわけではないということだ。著者らはさらに、母国の家族のつながりが強ければ強いほど、アメリカに渡った移民第二世代では失業率が高く、雇用の流動性が低いことが予測されることも指摘している。このことは、家族のそばにいたければ、自分に最も適した仕事を遠くまで幅広く探すことはできないということを思い起こさせるもう一つの例だ。

雇用市場に関するこれらの悪い結果は、家族志向の移民にとって厄介な問題というだけではない。それは私たちみなにとって厄介な問題なのだ。賃金は労働者の生産性を強く示すものであり、経済はチームプロジェクトなので、生産性の少ない仕事から労働者が抜け出せないのであれば、それはたいてい、仲間の労働者の生産性も減衰させ、さらには上司の資本も収益性の低いものにする。したがって、その失われた生産性が私たち全員の損害となる。たとえその方が家族の団欒を温かくするとしても、だ。

また、母国の家族的態度は個人だけの問題ではない。それは政治的な問題でもある。アメリカへ渡った移民第二世代には投票権があるが、彼らは投票所にどんな態度を持ち込んでいるのか？　著者らはこれについても調査している。「世界価値観調査」をチェックして、母国の人々が以下の三つのトピックについてどのように考えているかを調査した。

1. 雇用の安定の重要性
2. 政府が衰退産業を支えるべきか否か
3. 政府が賃金統制すべきか否か

質問2と3は政府がやるべきことに直接関係しているが、質問1は直接的な要求というよりも政府の援助を必要としていることの表れと言った方が良い。そして著者らは、雇用の安定が重要だと人々が考えている国は実際、政府が労働者の解雇を厳しくし、よりコストのかかるものにしているような国である傾向が強いことを示している。そしてここでも、これらの態度の「経済的にかなり大きい」部分が、こうした国々からの移民がアメリカ合衆国へ渡ったときに輸入されるのである。彼らはこれらの態度の多くを、アメリカで生まれた自分の子どもたちに継承していく。

家族の絆が強い国から来たアメリカ合衆国の移民［第二世代］は、ある仕事について、その雇用の安定性がより重要な特徴だと考える傾向がある。彼らはまた、政府は雇用を確保したり、賃金の規制に直接的に介入したりすべきだと考える傾向が強い。その影響は（…）経済的にかなり大きい。*27

「経済的にかなり大きい」とはどれほどのことを言うのか？　著者らは、強い家族的価値観と政治的態度との関係は、教育と、同じく政治的態度との関係の約半分の規模だとしている。もう少しくだけた言い方をすれば、一般的な人の学歴が大幅に上昇すると（統計用語で「1SD（標準偏差）」）、その人は規制に対して約10％反対する傾向がある。一般的な人の先祖の母国で、強い家族的価値観が同様に大きく上昇すると、その人は規制に対して約５％反対する傾向がある。一般論として、あなたの国の移民があなたの文化により強い家族的価値観を輸入しようとすると、彼ら（と彼らの子孫）は労働市場への政府の介入に対する強い要求を輸入することにもなる。

受け継がれるものと継がれないもの

最後に、十数問のアンケートの質問を調べ、文化移植の理論を検証した百科事典的とも言える論文を紹介して本章を閉じたいと思う。ロンドン・スクール・オブ・エコノミクスの学者チームは、ヨーロッパの国から国へ移動した移民における態度の持続性について調査した。[*28] 移民第二世代では、三つの質問に関する先祖の国の態度は非常に根強く持続しており、それは先祖の国から新しい母国へ大量に移植されている。少し言葉を変えているが、その質問とは以下のとおりだ。

働いていない人は怠惰か？
人の世話をする責任があるのは誰か？　個人か国か？
未就学児は、母親が外に働きに出ると辛い思いをするか？

その他の四つの質問については、先祖の国の態度は第二世代までは中程度に持続していたが、上記三つの質問と比較して持続性が薄れていく傾向が見られた。これらの文化移植は本当に起こったことだったが、移植の完了には程遠かった。その他の四つの質問も挙げてみよう。

あなたはEU政府を信頼しているか？
ほとんどの人は信頼できると思うか？
あなたにとって家族はどれくらい重要か？
あなたにとって神はどれくらい重要か？

持続性が完全に薄れてしまっている質問もかなりあり、そこでは先祖の出身国の態度は何の影響も与えていなかった。これらの文化移植はほとんど完全に失敗だった。いくつか例を見てみよう。

女性が外に働きに出るのは悪いことか？
警察は信頼することができるか？
宗教を信じるか？
移民は福祉制度の負担になるか？

つまり、先祖の出身国がもたらす態度の中でも、第二世代に移植されるものもあればそうでないものもあるということだ。ところが、移住後も実質的に生き残る態度の多くが、その国の豊かさに関わっている。たとえば貯蓄率、信頼に対する考え方、政府規制と個人の責任に対する考え方といったものだ。私は祖母が自分の先祖のマッツォボールスープのレシピを東欧から持ってきてくれたことを嬉しく思っている。それは宝だ。人は、先祖の母国からたくさんのすばらしいものをもたらすことができるということを覚えておくのが大切だ――そして、国の繁栄を築き上げるような態度を輸出できる可能性が、他国よりも高い国が存在するということを覚えておくのも重要なことである。

第2章　繁栄はどこから来たのか

この論文で、われわれは現在の経済的風景を形成する上での移民の役割という問題を追求する。
——ルイス・パッターマン&デヴィッド・ワイル
『クォータリー・ジャーナル・オブ・エコノミクス』2010年[*1]

心理学の世界に、こんな古いことわざがある。「未来の行動の最もすぐれた予測因子は過去の行動である」。それは、人は時を経てもそれほど変わらない、改善は難しい、新年の抱負はほとんどの場合達成できないといったことを心理学者たちが互いに確認する一つの方法だ。高校時代にクラスでほぼトップの成績だった子はたいてい、20年後の同窓会に姿を見せるときは、他のクラスメートよりも良い仕事に就き、良い生活を送っている。

そしてこのパターンはその人の一生の間だけ続くというものではない——一生と一生の間も持続す

るのだ。哲学者であり万能の天才であるバートランド・ラッセルは、97歳も終わりに近づく頃、長寿の秘訣について尋ねられたときにこの教訓を引き出している。「親を選ぶときは慎重に」と。[*2] りんごも、木も、ありとあらゆるものも。長寿の理由がほとんど遺伝的なものだと信じようと、ほとんど育った環境によるものだと信じようと、またはその二つが合わさったものだと信じようと、持続のパターンはいずれにせよ存在する。

同じ一般原則——私たちが十分に理解しているかどうかわからないような理由で、良くも悪しくも成果が持続するということ——はすべての人、すべての文化に当てはまるように思える。ヨーロッパ、アジア、アフリカなどの旧世界の経済ランキングは

遡ること1492年、コロンブスが大西洋を横断したとき

からそれほど変わっていない。

何世紀にもわたって適切な比較を行うにはある程度の工夫が必要だが、私の仲間の経済学者らは、人類学者や歴史家、そして遺伝学者からも欠くことのできない支援を得て過去を測定し、過去の経済的遺産がどのように移動したかを測定することで真の進歩を遂げた。

16世紀以前の東アジア・アフリカ世界

西暦1500年より少し前の東アジアの経済について考えてみよう。15世紀、中国の明朝は大規模

で有能な官僚制度をもつパワフルな統治体だった。この統治体が近代のアメリカ合衆国と同じ大きさの地域にわたって約1億人の人口を管理していた。その尺度からすると、明朝は最盛期のローマ帝国の少なくとも50％は大きかった。明の時代の中国は「資本主義の萌芽」が成長したと言われる時代で、繁栄の拡大によって国から完全に独立した商人階級を生み出した。ある意味、伝統を重んじる中世イタリアではなく、ルネサンス期のビジネス重視のオランダのようになっていったのだ。

15世紀後半、日本は戦国時代に突入したが、この時代の精密な刀剣製作の技術、優雅な寺院建築、そして京都の大きさ――当時のパリと同規模の約20万人の住民を擁していた――までもが、日本の強靭な経済活動と、その複雑な市場志向の経済を証明している。これは日本の歴史において、豪商が、ブルジョワ階級の成功に敬意を示す国の証である「有徳の人」と称されていた時代のことだった。[*3] そして15世紀の朝鮮では、国王世宗がハングル文字を発明しただけでなく、そのシンプルで完璧な表音文字は今でも南北朝鮮で広く受け入れられている。世宗はまた、農業科学も奨励し（文字通り『農事直説』というタイトルの本も出版している）、儒教（実際は朱子学）の台頭を促進した。これは、本書の「序」でも見たように、国の繁栄を力強く予測する哲学だ。

15世紀、イタリア・ルネッサンスがローマ、フィレンツェ、そして今も人々を驚嘆させるベニスで芸術的奇跡を生み出していた。北欧低地諸国では、北のヴェニスと呼ばれた経済の中心地、ブルージュは黄金時代にあり、ファン・エイクの『アルノルフィーニ夫妻像』（緑のドレスを着た新婦と黒っぽい服を来た新郎、そして小さく湾曲した鏡が描かれ、その鏡の中にもう二人の人物が見て取れる）は、芸術を向上させる科学の力を指し示していた。一方で、イスラム世界はすでに衰退の時代に入っていた。まさに、

1453年のトルコ人によるコンスタンチノープル征服はヨーロッパに衝撃を与え、自分たちも征服される前触れなのではないかとの見方もあったが、そうはならず、むしろそれはイスラムの西ユーラシア大陸への拡大のクライマックス（どちらかというとアンチクライマックス）となった。イスラムの科学、数学、イノベーションの偉大なる時代は、1258年のモンゴルによるバグダッド攻略によって、その一世紀前に終わっていた。そして少なくともイスラム世界に住んで研究を行っていた学者たちにとって、その驚くべき時代は未だ戻ってこない。

さらに最も悲劇的なのは、サハラ以南のアフリカは、当時、三大地域の中で圧倒的に経済が弱く、現在もその状態が続いているということだ。1500年、サハラ以南アフリカは、1平方マイル当たりの人口がヨーロッパや東アジアよりも少なかった。このことが重要なのは、1平方マイル当たり人口は近代以前の世界における繁栄を測る便利な指標だからである。人口密度は国の生産性について多くのことを教えてくれる。というのも、特に近代以前の時代では、人口密度が高いということは農民が多くの食糧を生産することができる証だったからだ。その理由は、農民1人当たりの食糧が多ければ多いほど生産性が高く、飢餓や栄養失調による死者数が少なく、人々が長寿であるということであり、したがって1平方マイル当たり人口がより多くなることを意味するからである。この尺度によると、サハラ砂漠のちょうど南に位置する西アフリカと東アフリカは、サハラ以南のその他のアフリカの地域よりも繁栄していたということになる——たとえば西アフリカの国ガーナの人口は、おそらく当時のギリシャの1平方マイル当たり人口の半分ほどだっただろう。[*4] ところがどの基準に照らしても、サハラ以南アフリカ全体の農業生産性は低かった。そして幅広い長距離貿易が広まることのなかった農民の生産性の低さは、まちがいなく地域所得の低さを意味していた。

それから5世紀にわたって、これらすべての地域の出身者が世界中に移動した。喜んでそうする人もいれば、しぶしぶそうする人もいたが、数百万の人々が移動したのは、拉致されたり奴隷にされたりしたからである。こうした移民（migrants）――その移動が自分の意思であったか強制されたものであったかにかかわらず、私はこうしたすべての移動者に対してこの言葉を使用する――は、移動先の新しい国をどのように変えたのだろうか？

始まりの論文

15年ほど前、ロードアイランドにあるブラウン大学の二人の経済学者が、この疑問に答える取り組みを始めた。デヴィッド・ワイルとルイス・パッターマンは2010年、最終的に自分たちの調査結果をハーヴァード大学が運営する『クォータリー・ジャーナル・オブ・エコノミクス』に発表した。その論文にはこんなすばらしいタイトルがつけられている。「西暦1500年以降の人口流動と経済成長および不平等の長期的決定要因[*5]」。

何と言ってもこの二人の学者は著名な経済学者であり、双方ともシンプルな概念から数多くの有用性（多くの知的活力）を引き出すことに長けていた。この論文はその伝統を受け継いでいる。彼らはまず誰がどこへ移動したかについて、過去500年にわたって追跡したグリッド（移住マトリックス）から始めた。そして、誰がどこに移動したかという疑問が、国の繁栄を理解するためになぜそれほど重要なのかを説明している。「過去を遡って見れば見るほど、一定の場所の経済史が、そこに現在住んでいる人の経済史から乖離する傾向がある」[*6]。この言葉は、パッターマンとワイルが強固なエビデンスで裏付けた大きな考えを示唆している。つまり、特定の場所（特定の国）の繁栄について理解したいのなら、その土地自体の古代からの歴史に着目してもそれほど多くのことはわからないだろう。この繁栄の物語のかなりの部分と、より洞察力に満ちた説明は、そこに現在住んでいる人の先祖に注目することから得られる、ということだ。

私たちは16世紀から18世紀までの間、西ヨーロッパの多くの人々が南北アメリカへ移動し、同じく数百万人のアフリカ人を強制的に移動させたということを知っている。さらに、多くの人々が中国を離れ、特に19世紀に清朝の勢力が弱まるにつれて東南アジア全域へ移動し、可能であれば今にも沈もうとしている船から飛び降りようとする者もいた。その他にも移動は起こっていた。オランダ人移民は南アフリカへ、多くのフランス人はポリネシアや東アフリカ海岸沖の小さな島モーリシャスへ、日本人移民はブラジルへ、多くのポルトガル人はインドネシアや中国の小さな島マカオへ移動した――このリストは延々と続く。

パッターマンとワイルは、正しい数字を把握するために多大な努力を払った。たとえば彼らは、現在のメキシコがどれほど「ヨーロッパ的」かを評価する必要があった。つまり、多民族の先祖をどのように評価するかについて、その立場を明確にするということだ。彼らは次のような指摘をしている。

多人種の先祖を持つ人々は多くの国で一般的に見られる（…）たとえば、メキシコにはアメリカ先住民とスペイン人の多人種の先祖を持つ人々がいる。このような人々は、それぞれの出身国からやって来た一定の割合の先祖を持つものとして扱われる。そうしたグループのメンバーが国の人口の30％以上を占めると報告された場合、われわれは遺伝的混血に関する専門的な科学文献を検索し、入手可能な最善の推定値を求めた。*7

そこでパッターマンとワイルは、ＭＩＴのダロン・アセモグルをはじめとする他の卓越した学者が、メキシコの人口の15％がヨーロッパ系であると推定したことに言及しつつも、メキシコ市民の遺伝子調査に基づいて、その数値を30％とした。そしてこの30％の多くが、調査で「ヨーロッパ系」とも「スペイン系」とも特定されない人々で構成されている――むしろ彼らはしばしば、正式には多人種の先祖を持つメスティソとみなされる。

遺伝的多様性に基づくこのアプローチはおそらく、この論文が最初に発表されたときほど珍しくは聞こえないだろう。こんにち、私たちの多くが、一人の人間は数多くの地域で構成された遺伝的先祖の円グラフで表されるという考え方に慣れ親しんでいる。たとえば、個人が運営している遺伝学ウェブサイトの23andMeによると、私はほとんどアイルランド人で、ごく一部、属としての「西ヨーロッパ人」が含まれているそうだ。この第二の属としてのカテゴリーについて、そのサイトは、「大体の見当はついている（ほとんどがドイツ？）が、数年後にはもっと詳しいことがわかるだろう」と言っている。パッターマンとワイルはこの遺伝的円グラフによるアプローチを、その価値が大きいと思われる場合は必ず採用し、そうでなければ先祖に関する標準的な調査の推定値を使用している。彼らがそれぞれの国をどのように見ているかを示すいくつかの例を考えてみたい――そしてここでは、標準的な語法に従うことにする。したがって、他に断りのない限り、**アフリカ系**とはサハラ以南アフリカに先祖を持つ人のみを指し、北アフリカに先祖を持つ人は除外される。それぞれの国に関して、この一連の割合はパッターマンとワイルの内訳であり、重要なところには遺伝的データが使用されている。以下に、パッターマンとワイルの推定値と自己申告による民族との比較について説明する。

ブラジル：日系0・8％、ヨーロッパ系74・4％、アフリカ系15・7％、ブラジル系9・7％。パッターマンとワイルによれば、ブラジルの民族の大部分を占める混血の人口（一般的な現地用語では「パルド」と呼ばれる）は半分ヨーロッパ人で、ブラジルの国勢調査では、ブラジル人の約半分が「ブランコ」つまり白人だと自己申告している。したがって、ヨーロッパに先祖を持つ74・4％が各地に広がっているということだ。ブランコと自己申告している人が圧倒的で、パルドと自己申告している人も平均してかなりの数になる。

パナマ：中国系1・5％、南アジア系4％、ヨーロッパ系45・2％、アフリカ系13％、パナマ系35・7％。ここで自称多民族のメスティーソは、人口の68％であり、民族的にアメリカ先住民だと認識している人はわずか6％ほどである。パナマでは、南アジア系の遺伝的先祖が、特に自称西インド諸島人の人口に現れている。

アメリカ合衆国：ヨーロッパ系75・7%、アジア系4・1%、中央・南アメリカ系6・3%、アフリカ系9・6%、北アメリカ系3・2%。アメリカ合衆国ではヒスパニック系と自己申告する人もアフリカ系アメリカ人と自己申告する人も、ヨーロッパ人の先祖を持つことが多い。調査によると、アメリカ人の61%が非ヒスパニック系白人、16%がヒスパニック系、13%が黒人系またはアフリカ系アメリカ人と自己申告している。

過去はプロローグか？

これは備忘録として記しておくが、パッターマンとワイルの遺伝的先祖推定値と、われわれの直感的な民族性の推定値の間には大きな隔たりがありそうだ。そして、遺伝的観点からすると、ブラジルとアメリカ合衆国では、ほぼ同じ数の人がヨーロッパ系の先祖を持つことに注意したい。1500年以降、誰がどこに移動したかという情報と共に、147ヵ国に関するこれらと同様の推定値を用いたパッターマンとワイルは、自分たちの移動マトリックスを持っていて、大きな疑問を投げかけることのできる立場にあった。その疑問とは、過去は物事の始まり《プロローグ》なのか、というものだ

それは彼らがプロローグを測定する必要もあったことを意味する。彼らは過去の社会的成果に関する二つの重要な尺度を選んだ。

1．先祖がどれくらいの間、組織化された国のもとに生活していたか、すなわち**国家史**

2．先祖がどれくらいの間、定住農業社会で暮らしていたか、すなわち農業史

二つ目の農業史は測定がより簡単だ。これは単なる数であり、何千年もの間測定され、専門家の間でも、この数字が何を表すかについてほとんど異論はない。食糧のほとんどを農業から得ている社会は、狩猟や採集に戻る習慣がない。そして早い時期に農業へ移行した地域は、人口、社会的複雑性、技術の洗練レベルにおいて成長する傾向がある。これは——先祖の行動の——初期の発達を測る合理的な尺度である。

最初の数である国家史は、社会の複雑性を測る、より直接的な尺度で、皮肉にも測定が難しい。というのも、これは西暦元年から1500年までのある地域における統治の平均的な歴史を把握しようとするものだからだ。そしてその間に、多くの場所で統治体が誕生したり消えていったりしてきた。さらにそうした統治体の中には、現地の人間ではなく外部の者によって運営されているものもあったため、こうした「現地の」統治機構は統治における当該地域のスキルの明確な証にはならない。彼らは0～50のスケールで、現存するそれぞれの国に対して、西暦元年から1500年までの間の50年ごとに個別のスコアを与えた。50という数は、半世紀の間、地域の人々によって運営され、この期間に全地域を管理していた実際の統治体があったことを意味する。ある人が半世紀の間、植民地の人間だった場合、その半世紀のスコアは25になる。また半世紀の間、正式な全国的統治機構が統治する地域もあれば、部族統治しか行われていない地域もあった場合、スコアは25よりも低くなる。さらに他の組み合わせも可能だ。たとえばイタリアは、この1500年の3分の1の期間しかスコアが50になっ

たことはなく、その半分の期間のスコアは28だった。その理由は、西ローマ帝国が崩壊してからのイタリアの歴史のほとんどが、オストロゴス人、ノルマン人、首長などがイタリアのある地域を支配する一方で、真にその地域の地元住民による統治機構が他の地域を統治するという分断された統治の物語だったからだ。

多くの国が組織的な統治を行ったり行わなかったりしていたため（数世紀にわたって実質的な国家としての地位を得ていた時代もあれば、村レベルや部族レベルの統治体が国家権力の最大範囲を占める時代もあった）、パッターマンとワイルは過去の経験をカウントする方法について意思決定をする必要があった。この論文で、彼らは半世紀につき5％の割合で、過去の経験を「低く見積もる」か、または「過小評価した」。つまり、国家権力を握っていた15世紀の1世紀は、9世紀の1世紀の約2倍を占めるということ。換言すれば、彼らは現代の方がより重要だと考えているということだ。彼らはその後、これらの国家史の数のすべてを各国につき0～1のスケールに変換している。パッターマンとワイルから引用すると、

エチオピア［中断されることのない国家統治］は最大値の1を獲得
中国は0・906（政治的不和の時期のため）
エジプトの価値は0・76
メキシコ［の価値］は0・533［メキシコはアステカ帝国の故地として有名だったことを思い出してほしい］

カナダ、アメリカ合衆国、オーストラリア、ニューギニアは［それぞれ］国家史の値は［1500年で］0

彼らの推定では、アメリカ合衆国とカナダには、1500年以前、いかなる種類の組織化された国家も存在しなかった。場所が、その場所に住んでいる人よりも重要なのであれば、また国家史が本当に、大規模で生産性の高い仕事を引き受ける能力を示すすぐれた指数であるならば、アメリカ合衆国とカナダは実際には貧しいはずだ。

狩猟と採集の終焉から数千年間で、農業史の推定値のいくつかは、ここでもパッターマンとワイルの言葉を借りれば、以下のようになる。

最高値の10・5を示したのは、肥沃な三日月地帯（イスラエル、ヨルダン、レバノン、シリア）で、その後に僅差で（…）中国（9）とインド（8・5）が続く。中間値を示しているのは（…）エクアドル（4）、コートジヴォワール（3・5）、コンゴ（3）だ。最低値の国はニュージーランド（0・8）、（…）オーストラリア（0・4）、その他、農業がヨーロッパ人の入植者と共に初めて到来した国々である。*8

「移民調整」の作業

この時点で、私たちには三つの大きなデータがある。

1. 1500年以降、誰がどこへ移動したか（移住マトリックス）
2. 全国的統治機構のもとに生活した長い経験があって1500年という年が始まったのは誰か（国家史）
3. 定住農業の長い経験があって1500年という年が始まったのは誰か（農業史）

ここで1を2と3に結びつけてみよう。すなわち、移民が自分の国家史と農業史を、新しい母国へどのように持ち込んだかを見るのだ。パッターマンとワイルはこれらの新しい全国的な推定値を、先祖調整がなされた国家史と農業史の尺度と呼んでいるが、もう少しわかりやすく、**移民調整後**という言葉を使おう。ほとんどの国にとって、過去5世紀の間、海外からの移住がほとんどなかったため、古いニュースは依然として新しいニュースのままだ。日本や中国のみならず、ヨーロッパ諸国もその良い例だろう。ところが移住が国家史と農業史に大きな変化をもたらした国々にとっては、この大きな変化はほとんど常に「上昇」変化である。というのも1500年以降の世界では、少なくとも最近まで、ほとんど常に、よりスコアの高い国からやってきて、よりスコアの低い国に移動する（多くの場合そうした国を侵略する）という物語が繰り広げられていたからだ。表2・1に、概算値と共にいく

	国家史（0〜1）	農業史（1000年）
カナダ	0 → 0.65	1.8 → 6.2
アメリカ合衆国	0 → 0.56	1.8 → 6.2
台湾	0 → 0.90	5.5 → 8.8
シンガポール	0.15 → 0.82	4.5 → 8.2

表2.1　国家史と農業史を形成する移民

それぞれの列で、最初の数字は移民調整前のスコア、2つ目の数字は移民調整後のスコアである。非公式には、最初の数字は場所の尺度で、2つ目の数字は人の尺度である。

出所：Putterman and Weil (2010)

つかの例を示す。各列の最初の数は移民調整前の数値、矢印の後の数は移民調整後の数値だ。

1500年以降の移民がどちらかのスコアを押し下げたのは、たった3ヵ国だけだ。クウェートとイスラエルはいずれも、移民が自国の非常に高い農業史のスコアをやや低減させている。というのも、インドやヨーロッパからの移民は（それぞれ）、それまでの地元民と比べてやや低いレベルの先祖代々の農業生活経験を輸入していたからだ。また、ボツワナの0・2というすでに低い国家史スコアは、南アフリカからの移民が、ヨーロッパからアフリカ南部への移民をきっかけに北上したために、0・1を少し下回るほどまで減少した。

しかし全体的に見て、過去500年間の移民の歴史は、カナダやシンガポールといった歴史スコアの高い国の人々が歴史スコアの低い国に移住した物語なのである。

場所の歴史か人の歴史か

そして今になってようやく、私たちは最初の本格的な統計分析の競争《ホースレース》を始めることができる立場にある。ある国の現代の繁栄を予測しようとする場合、場所の歴史スコアと人の歴史スコアのどちらが重要か？　換言すれば、移民調整前と移民調整後のどちらの歴史がより重要なのだろうか？

ところで、これを原因と結果の物語だと仮定するのは（少なくとも今のところは）やめてほしい。これらのスコアは成功を生み出すのに役立つ何らかの特性を示すものにすぎないということが判明するかもしれないからだ。当面の間はこれを、ある野球選手の今シーズンの年俸を、来シーズンの打率を予測するために利用することと同等のものとして考えよう。この年俸は実際、選手の全体的な野球能力について何らかのことを教えてくれる（それがたとえ耳障りなものであったとしても、スキルの証であることはまちがいない）とはいえもちろん、年俸そのものがスキルを生み出すわけではない。

経済学者の間ではすでにお馴染みだが、私たちは1人当たり平均所得を国の繁栄の尺度として利用する。この場合は、2000年という年の1人当たり所得だ。パッターマンとワイルによる分析の結果はきわめて明確だ。国家史と農業史の両方において、ある国の2000年度の繁栄を予測する際、移民調整後のスコアは移民調整前のスコアの2倍すぐれたものになっている。ある国が現在どれほど豊かであるかを考えようとする場合、その場所の歴史ではなく、そこに住む人の歴史を知っている方がはるかに正確な推測ができるだろう。

極端なケースとして、アメリカ合衆国を考えてみよう。ネイティブアメリカンには先祖代々の定住農業の経験があまりないと知ったところで、アメリカの繁栄を予測する助けにはそれほどならない。ところが主にヨーロッパ系の移民の巨大な波が北アメリカに押し寄せたことを知ること、また彼らの先祖が数千年にわたる農業経験があると知ることは、アメリカの現代の繁栄を予測するのにはるかに役立つだろう。

これらの関係の大きさ、規模を考えてみよう。私たちが注目しているのは説明ではなくパターンであるため、関係という言葉を使うことに固執し、これらを影響と呼びたくなる衝動に抗いたいと思う。二つの国について考えてみる。

一つは移民調整後の国家史スコアが0の国――したがって現在そこに住んでいる人々の遠い先祖は、少なくとも1500年以前は全国的統治機構のもとで生活したことが一度もない。もう一つの国は、移民調整後の国家史スコアが1の国で、これは最高値である。

パッターマンとワイルのシンプルなモデルができる最善の推測は、スコアの高い国はスコアの低い国の7・5倍裕福であるということだ。これは大体、現代のフィリピンと現代のアメリカ合衆国の所得差に相当し、現代の中国（唯一の中所得国）と、それよりはるかに裕福な現代のシンガポールとの間の差よりわずかに大きいくらいである。これは、ある国の現在の住民の先祖に関するたった一つの数を知ることに基づく大きな違いだ。したがって、この本を読み終える頃には、過去が未来を引き起こしているのではないと決めたとしても、過去は未来を予測するのに実際非常に役立っているということは覚えておくべきである。

では農業史のスコアへ移ることにしよう。1500年以前の農業経験の範囲は、最低数百年から最高1万年を少し超えるまでとなっている。農業を伴う移民調整後の歴史が千年続くごとに、その国は31％裕福になる傾向がある。ところがある国の現代の繁栄を調整前の推定値（コロンブスの航海後、誰がどこに移動したかは無視）を使って考えようとする場合、1000年の農業経験から予測できる繁栄は、わずか14％増すだけということになる。そしてこの組み合わせの奇跡により、隣国よりも先祖の農業経験が2000年多い国は31％＋31％で62％裕福になるはずだが、そうならずに、隣国の（1・31×1・31）＝1・72倍、つまり72％裕福になる。成長の上にさらに成長が構成されるのだ。つまり、農業経験が1万年多ければ1370％所得が高くなると予想され、繁栄度は10倍になるということである。先祖の農業経験は現代の繁栄を測るすばらしい予測因子ではあるが、それは移民調整を行ったときだけなのだ。

これら二つの極端にシンプルなモデルには当たり外れがあり、予測が的中している国と予測からかけ離れている国がある。全体として、移民調整後の歴史スコアは、国と国の所得格差の半分弱を説明する。これは同時に、それらのスコアが半分以上説明できないという意味でもある。[*9] シンプルな物語とシンプルな理論を利用して現実世界の成果を説明しようとするとき、このようなことは常に起こる。仮に100人の身長がわかるリストがあって、この情報を使ってそれぞれの人の体重を推測しようとする場合、一人ひとりの体重を無作為に推測するよりはうまくいくに違いない。同様に、もし100人が所有している車の種類を知っていたら、その情報は、それぞれの人がどれくらい稼いでいるかを予測するのに役立つが、それでもたいていは大きく外れるだろう。シンプルなモデルは、うまく選択すれば、実際の予測の基準からすると説得力のあるものになり得る。これらのパッターマンとワイルによるシンプルな初期モデルはすべてうまくいった——そしてここからが本番だ。

ちなみに、誰が他よりもすぐれた野球選手かを推測しようとするとき、年俸だけでも実際かなりのことがわかる。2003年に行われたある典型的な研究は、年間100万ドル以上稼ぐ選手の中で、彼らの年俸を知るだけで打率差の4分の1、選手間の得点差の半分を予測することができることを発見した。*10 優劣を測る粗悪な尺度でも、現実世界の結果を予測するには大いに役立つのだ。

ヨーロッパからの移民が重要なのか?

パッターマンとワイルは熱心な学者なので、これらの数字を報告しっぱなしにすることはない。彼らは自分たちの統計分析の結果を慎重に調べる。そして代替説明、すなわち「〜だったらどうか」を確認する。一つの可能性としては、ヨーロッパ人は国を征服し、その資源を搾取することにおいては他に類を見ないほど残虐だったということなのかもしれない。したがって、もしかしたら移民調整後の結果は、ヨーロッパ人による新世界への残忍な侵略の結果なのかもしれない。つまり、それはカナダやアメリカ合衆国、オーストラリアやニュージーランドの現代の成功のみならず、ウルグアイ、アルゼンチン、チリの相対的成功(少なくとも隣国と比較した場合)をも説明することのできる物語なのだ。どの国も、現在の人口の大部分をヨーロッパから受け入れた国々で、これらの移民はいずれも純粋に平和的な人々と言うにはほど遠かった。経済学者はしばしば、これらの国をネオ・ヨーロッパと呼んでいる。

そこでパッターマンとワイルはまた別の分析競争《ホースレース》を行った。1500年以降に多くのヨーロッパ人が移動してきた国々だけの移民調整後のスコアに対する、すべての国の移民調整後の国家史と農業史スコアの予測レースだ。ヨーロッパ独特の残虐性の理論とも言えるものから予測できるのは、ネオ・ヨーロッパ諸国は統計が全体を説明してくれて、つまりメインディッシュであり、それ以外の国々にとっては、移民調整後の歴史スコアはせいぜい単なるサイドディッシュにすぎないということだろう、と。

ところが、その逆が真であることがわかった。地球全体の移民調整後のスコアが真の予測因子であり、魅力もあるのだ。ネオ・ヨーロッパの国々にとっては統計分析の結果はサブ、どちらかと言えば、受け入れ国に持ち込まれたネオ・ヨーロッパの国々の歴史は平均的な国よりも、繁栄を測る上でほんの少し重要度が低い。したがって、それ自体は研究の価値はあるものの、しばしば世界の残りの人々を恐怖に陥れるヨーロッパ人の移住は、これら移民調整後のスコアが現代の繁栄を予測する上でなぜこれほど役立っているかの説明にはならない。アフリカ人とアジア人による世界各国への移住は、統計上の重労働の多くを担っている。彼らの移住は重要だということだ。

しかし、また別の分析の競争《ホースレース》を行った場合、そこにはヨーロッパ人に関する何か統計上の特別なものが実際に存在することは明らかだ。著者らは、地球上のすべての国について簡単に見積もることのできる、以前使用されていたシンプルな尺度を投入している。つまりヨーロッパ系の人々の割合だ。これは、ヨーロッパ系の人々に、彼らが現在ヨーロッパにいようと、または（私のように）北アメリカにいようと、統計上同じ程度の重みを与える尺度である。著者らはまた、これを移民調整後の国家史との分析の競争《ホースレース》に投入する。これら二つのシンプルな尺度を合わせると、さまざまな国の生活水準における格差の75％を予測することができ、国家史と農業史を入れ替えても同様の結果となる。その理由の一つは、ヨーロッパには非常にたくさんの国があり、世界標準から見れば、おそらくそのうちのたった二つの国しか貧困国だとみなされていないからだ（その二つの国とはモルドヴァとウクライナで、いずれもパッターマンとワイルの論文執筆当時は貧しい国だった）。人口がほんの数百万人しかないヨーロッパの小国（デンマークやベルギー）は、それぞれ10億人を超える市民を擁する中国やインドと同じくらい重要な位置を占めている。しかし、ヨーロッパそのものは世界標準からすれば順調に発展しており、これほど多くの国を擁してこれほど繁栄している地域は、世界中どこにもない。

これはいったいどういうことなのだろうか？　第一に、この結果はさておき、この事実だけを考えてみよう。地球上のそれぞれの国についてわかっていることが、その国のヨーロッパ系の先祖の割合だけだったとしたら、そしてこの一つの事実だけを使って現代の1人当たり平均所得をうまく予測することができたら、世界中のすべての所得格差の3分の2を予測することができることになる。一つの国につき一つの事実ということであれば悪くはない。そしてこの一つの事実は、パッターマンとワイルが集めた他の二つの歴史的尺度のいずれかよりもはるかに大きな働きをしている。

しかし、ある国の現代の繁栄（現在のヨーロッパ系の人々の割合）を予測するために、その国に関する現代の事実を利用することは、同じ繁栄を予測するのに古代の事実を利用することに比べればまったく印象的なものではない。結局のところ、１９８０年の地球上のすべての国に関する1人当たりのシャンデリアの数、1人当たりのエアコンの数を知れば、どの国が裕福でどの国が貧しいかをうまく予測することができるのだ。そしていずれの場合も、その目的は単なる予測ではなく理解である。そしてヨーロッパが成功していたことを知っていたとしても、なぜこれまで成功してきたかということまでは教えてくれない。国家史と農業史という尺度は、遠い過去に私たちの注意を向けることによって、もっと多くのことを教えてくれる。それらは、なぜある国はそこまで生産的で、またある国はそこまで非生産的かに関するわかりやすい説明の道標となるのだ。

地理についてはどうか?

とはいえ、おそらくこれら二つの歴史の尺度は、ヨーロッパ人と中国人の移民は最適な場所、繁栄の地理的条件が整った場所に移動したという事実を取り上げているだけなのではないかという印象を与えるかもしれない。たとえば熱帯病が少ない温暖な気候、製品を安く出荷できる水辺に近い場所などだ。これらの歴史の尺度は、おそらく地理の尺度にすぎない。1500年当時、北アメリカやオーストラリアの先住民は何らかの理由で、そのすばらしい立地を最大限に生かしていなかったが、結局2000年になる頃には、そうしたすばらしい地理的条件が整っていたために、ほとんど誰もがすばらしい仕事をしていただろう。それは物語としてはこじつけのように聞こえるが、ありそうもないような物語が実は正しいと判明することがときにはあるのだ。

そこでパッターマンとワイルは、移民調整後の国家史と、以下のような地理的尺度との間で、また別の分析の競争《ホースレース》を設定した。

国の緯度――赤道からの距離（サンタ村がここでも影響する）
その国が海へのアクセスのない陸の孤島かどうか
その国がユーラシア大陸にあるかどうか
その国の土地がどれほど農業に適しているか

そして予想通り、これら四つの尺度のすべてが繁栄の予測に役立つのだ。陸の孤島の国は低所得で、その他は繁栄に向いている。だが歴史が示しているとおり、これらの尺度が繁栄を予測するのに役立つからといって、それが繁栄をもたらすという意味ではないということは忘れてはならない。たとえば農業の適性が、現代のアメリカ合衆国において繁栄を促進しているとは言いがたい。なぜなら農業全体がこの国の生産高に占める割合はわずか2％だからだ。こうした地理的尺度がどんな予測力を持っていようと、私たちはそれらが特に最富裕国における現代の繁栄の決定的原因を捉えていると考えるのが合理的かどうかを自問すべきである。

では分析の競争《ホースレース》の結果に移ろう。レースに国家史の尺度と四つすべての地理的尺度が同時に含まれているとき――5頭立てのレース――でさえ、移民調整後の国家史はやはり繁栄の強い予測因子となっている。そして当然のことながら、分析で国家史と農業史を入れ替えても結果は同じになる。

この競争《ホースレース》の結果は次のようにまとめることができるだろう。仮に、同じ緯度にある二つの国があり、どちらも海に近く、ユーラシア大陸にあり、同じくらい農業に適しているが、一方の国は国家史スコアが0で、もう一方が1だった場合、賢く推測すれば、高得点の国の方が低得点の国より150%豊かということになるだろう。ここでも、これは単なる予測であり、よく言われるように、因果関係ではなく相関関係が問題なのだ。

しかしこの原因と結果の物語をよく考えてみよう。組織された国のもとで暮らした豊富な経験を持つ文化が高い生産性を誇るのは、何世紀もの間、そうした文化の中で生活してきた人々が他人と協力し、一緒に大きなプロジェクトに取り組み、信頼をほぼ裏切ることなく有力者に従い、現代の人間をより生産的にするのに役立つようなすべてのことをしなければならなかったからだとしたらどうだろうか？　もしかしたら、生産性の高い文化は、平和的であれ暴力的であれ、地球上で最高の場所を確保することが得意な文化でもあるということになるかもしれない。卓越した生産能力はおそらく、略奪における卓越性と手を組むだろう。そして、たとえ（仮に）天候、農業、港が繁栄にはほとんど関係ないとしても、生産的な文化ほど農業の予測ができ、水上移動が楽になる傾向がある。悪人になることが得意な人は、最高の場所を摑み取る傾向があるということだ。

したがって、世界中で出会う事実のパターン、つまりパッターマンとワイルが報告しているパターンを説明する方法は一つではないはずである。おそらく国家史は繁栄のほんの小さな部分しか占めておらず、いずれにせよ過去5世紀にわたって、国家史のスコアが高い文化が地理的に大きなものを先に獲得し、その地理的な獲得物がそうした文化の生産性を飛躍的に高めたのは事実だ。ということは、もしかしたら地理が、実はショーの大半を動かしているのかもしれない。つまり、場所がきわめて重要なのかもしれないということだ。

さもなければ、おそらく国家史は何かを大きく動かすものである。それは一部の文化の生産性を飛躍的に高めるスキルの束の大まかな尺度であり、これがそうした文化に、生活という駐車場のベストポジションを確保させるのだ。地理的条件が良いということは、繁栄というケーキの上にかかったアイシングのようなものなのかもしれない。より多くを生産する者がより多くを得る力を持つようになるのは当たり前のことだ。そしておそらく、彼らが手に入れるものの一つは、海が目の前に広がるすばらしい物件だろう。

「なぜ」は「何」より難しい

これは、世界について学ぼうとしているのに、実際の実験ができないときに必ず発生する問題だ。ノーベル賞を受賞したトーマス・サージェントは、これを「観測的等価性」の問題と呼んでいる。[*11] 二つの異なる理論が同じ事実のセット、つまり同じ歴史的観察を同じくらいうまく説明することができる。それが起こったとき（そしてそれは経済学の世界ではいつでも起こるのだが）のコツは諦めないことだ。そしてそこから抜け出してこう問うてみるのだ。「これら二つの説明、これら二つの理論から、他のどんなことが予測されるか。これら二つの理論を互いに照らし合わせて検証することで、他の何を測定することができるのか」。それが本書の大部分を占める課題だ——先祖の経験は現代の生産性の単なるすぐれた**予測因子**なのか、それともそうではなく、現代の生産性の圧倒的な**原因**なのか。これまで、信頼や倹約、政府の役割に対する先祖の態度は、新しい国へ移動し、実質的に何世代にもわたって持続するということを見てきたが、これは私たちが因果関係に目を向けていることを示す一つの証である。しかしもっと多くのことがこれからわかるだろう。

本章で見てきたパターンは重要だが、パターンは説明ではない。それは説明への扉を開くものだ。次章では、卓越した技術の持続性のさらに別のパターンを見ていく。それは、私たちをより説明に近づけてくれる。そしてさらにもう一つのことを行う。各国のＳＡＴスコアの算出だ。

第3章 人なのか、場所なのか

テクノロジーは場所の中で持続するのか、それとも人の中で持続するのか？

――ディエゴ・コミン、ウィリアム・イースタリー、エリック・ゴン『アメリカン・エコノミクス・ジャーナル：マクロエコノミクス』2010年*1

人類は、地球上で最も偉大な発明家である。

これは真実であり、誇れることでもある。さまざまな時代を生きるさまざまな場所に暮らす人々が、鋼鉄の鋤や鐙《あぶみ》、火薬、眼鏡、トランジスタなどを発明してきた。しかし数百万平方マイルの範囲の数十億人の人類に対して、保存する価値のあるもの、模倣する価値のあるもの、普及させる価値のあるものを発明した人はほんのひと握り、全人類のごく一部の人だけだ。残りの人々（発明の生産者というよりも単なる消費者）にとって、発明とは何を意味するのか？　私たちは発明を利用し、それらを少しだけ応用し、自分たちの特別な時間、特別な場所でそれらを機能させるときもあれば、意識的な決意によってか無意識的な物忘れのせいかわからないが、それらがなくてもやっていける場合もある。

たとえばローマの街道を実現した驚異とも言えるローマン・コンクリートには、歴史から失われた正確な方程式がある。現代のエンジニアらはこの材料を再現しようと努力を続け、おそらくはオリジナルにかなり近いものを作ったのだが、それを確かめる方法はない。[*2]ローマン・コンクリートの喪失は、もっとずっと大きな問題の一例にすぎない。偉大な発明についても、偉大なアイデアの普及と拡散が保証されることはないのだ。

したがって偉大な発明というのは非常に稀であり、それがどれほど遠くの国々まで普及するかは定かではない。しかし偉大な発明が幅広く利用されていることは、経済的繁栄の**原因**でもあれば、社会が大きな仕事を引き受け、偉大な物事を達成することができることの**証拠**でもあるのだ。技術的に洗練されていることは、国家史と農業史と並ぶ、過去の経済的・社会的達成の第三の尺度の有力候補のように思える。

経済学者、尺度を作る

そして当然ながら、経済学者はこのことを2000年代初頭に認識し、世界中の過去の技術的洗練性を測る一連の尺度を作成した。彼らは発明性については評価しなかった。その代わりに賢明にも、偉大な発明の幅広い使用を測定したのだ。研究者ら――ハーバード・ビジネス・スクールのディエゴ・コミン、ニューヨーク大学のビル・イースタリー、UCバークレーのエリック・ゴン――が、三つの異なる指数の作成に取り掛かった。各時代（彼らはそれを紀元前1000年、西暦元年、紀元1500年と名付けた）に関して、以下の五つの部門の技術レベルを追跡した。

農業
輸送
軍事
産業
通信

紀元前1000年については、通信技術の一例として、その国に書き言葉が存在したかどうかというものがある。これは「はい」と「いいえ」で答えられるシンプルなものだ。紀元1500年になる頃には、この指数はより微妙なニュアンスを帯びてくる。0〜1のスコアは、紙を使っているか、本があるか、体系的な印刷方法（ページサイズの木版印刷や、もっと良いものだと活版印刷や活字印刷など）があるかといった項目を合わせた数値だ。過去の軍事技術の歴史的調査の数は膨大で、軍事部門に関する情報が国の平均技術スコアを圧倒しないように、彼らは五つの部門に同等の重み付けをしている。

したがって、通信技術のトップにいるということは、軍事技術のトップにいることと（技術指数において）同じくらい重要だということだ。

そしてもう一つ重要なことがある。コミン、イースタリー、ゴンは、ことわざにもあるように、「証拠の不在は不在の証拠」と決めてかかるような過ちは犯さない。たとえば1500年の木版印刷に0というスコアをつける前に、木版印刷は1500年頃、その国に存在していなかったということを明確に述べている学術的な資料を探す必要があるのだ。

移民が世界を変える少し前の1500年における全体的な技術スコアを見てみよう。それぞれの数は地域全体の平均値で、スコアは0から1の範囲である。

ヨーロッパ（東および西）：	0・86
アジア（東および南）：	0・66
アフリカ（北およびサハラ以南）：	0・32
アメリカ（北および南）：	0・14

1500年のアフリカのランキングが南北アメリカよりもはるかに上であるのはまちがいではないし、それは北アフリカが含まれているからではない。サハラ以南のアフリカだけを見てみると、スコアは0・30とわずかに低い。1500年頃、西アフリカとサハラ以南の東アフリカはいずれも、非常に発達した貿易ネットワークと「陶磁器、金属、文字、記念碑建築」などの伝統があり、これらはすべて技術的洗練の証拠であり、南北アメリカの全体的なレベルをはるかに上回っている。[*3]

	紀元前1000年	西暦元年	1500年
西ヨーロッパ	0.65	0.96	0.94
中国	0.90	1.00	0.88
インド	0.67	0.90	0.70
アラブ世界	0.95	1.00	0.70

表3.1　3つの時点における先進文明の技術スコア

出所：Comin, Easterly, and Gong (2010)

コミン、イースタリー、ゴンは、紀元前1000年から1500年の間には数多くの持続性が見られたが（技術的なランク付けは何千年にもわたってそれほど大幅に変わることはなかった）、最も発展した文明における変化はやはり、気づくには十分な大きさであることを指摘している。そしてこの「十分な大きさ」の違い（世界大会の銀メダルを手にするか金メダルを手にするかの違い）は、まさに世界的征服者と世界的敗北者の違いに匹敵するものだったかもしれない。彼らが皮肉を交えず「先進文明」と名付けた四つの文明を、その年代別のスコアとともに表3・1に示す。

1500年には中国が西ヨーロッパに少しだけ遅れをとっている一方で、インドとアラブ諸国はもっと遅れている。とはいえ、そのすべての国が世界平均よりは上である。そして紀元前1000年から1500年の間、西ヨーロッパとアラブ世界の順位が逆転し、テクノロジー競争において銀メダルと金メダルが入れ替わった。

これらの推定値をダブルチェックする一つの方法は、それらが経済的洗練というまったく異なる尺度とほぼ同じことを語っているかどうかを確かめることである。つまり、都市に住む人々の割合を見るのだ。都市を技術的進歩の証拠、および技術的進歩の原因の両方として扱うという長い伝統がある。著名なジェイン・ジェイコブズは多くの著書の中の一つ、『都市の原理』[*4]で、後者のケースについて論証している。都市は、たとえどれほど小さくても、新しいアイデアで実験し、そのアイデアを試し、その後、文字通りの意味でも比喩的な意味でも、それらのアイデアをうまく利用して儲けるための自然な場所だと考えたのだ。前者のケース（都市は繁栄の証拠）については、私たちはみなよく知っている。近代以前、大きな都市を擁するには、余剰食糧を市民に供給するに足るほど生産的な、洗練された農業体制がなければならなかった。そして古代ローマ人が知っていたように、都市全体に水を供給するためのエンジニアリングについて十分理解していれば、そのどちらも損なうことはなかった。いずれにせよ、どちらが原因でどちらが結果であるかにかかわらず、都市と技術的洗練は足並みを揃える傾向がある。

では、コミン、イースタリー、ゴンの技術指数から、都市化における国家間の違いが予測できるだろうか？　確かに、紀元前1000年と西暦元年に、国による都市化の違いの優に3分の2以上がこの指数によって予測できた。人口の大部分が都市に住んでいる国々は、世界の先端技術の多くを利用している国である可能性が非常に高かった。技術指数による予測力が、1500年に少しだけ弱まった（国家間の都市化の違いの約3分の1しか説明していない）のは、一部には、その時代、世界的に見るとヨーロッパはそれほど都市化していなかったからだ。単純な統計的関係というのはそういうものである。100％合致することがすぐれた科学の基準では決してなく、そこには常に規則の大きな例外が存在する。しかしこの規則を無視するのは愚か者だけであり、一般的な規則として、都市化と卓越した技術は密接に結びついている。

では、過去から現在の世界がどのように予測されるのだろうか？　1500年以降の移民を調整しなくても、ある国の1500年における技術水準を見れば、現代の1人当たり所得を十分予測することができ、それは国家家間格差《クロスカントリー》の3分の1程度になる。そしてこれは、たとえ南北アメリカ全体で、技術指数によってコロンブス以前のアメリカ文明の比較的低いスコアのみに基づいて近代の繁栄を予測しようとする場合でも起こりうる。明らかにこの指数は、ここでは（またはニュージーランドやオーストラリアにおいても）あまり役立ってはいないが、旧世界における、世界全体に関する1500年の技術指数の有用性を高めるのには十分役立っている。

ところが西暦元年の指数は現代の所得を予測するには役に立たず、紀元前1000年の指数の方が少しだけマシなのは、おそらく単なる偶然だろう。移民調整をすることなく、これらの尺度を総合すれば、国間の所得格差の半分以上を予測できるものは何一つないことは明らかである。幸いにも、パッターマンとワイルのグローバルな移民尺度を使用して移民を調整し、ある**場所**の技術史が、その場所に現在住んでいる**人**の技術史よりも重要かどうかを検証することは可能だ。そしてそれこそがコミン、イースタリー、ゴンが行ったことである。彼らは、技術史を使用した場合、国家史と農業史を使用した場合と同じく、移民調整後の尺度が移民調整前の尺度を上回るかどうかを確認した。

そして、明らかに移民調整後の尺度が勝者であることを知るのは当然のことだ。コミン、イースタリー、ゴンは次のように述べている。

人を基準にした技術尺度の結果は、場所を基準とした尺度よりも確かに説得力がある（…）人の歴史は場所の歴史より重要であるというパッターマンとワイルの画期的な洞察（2008年）を、われわれは強く支持する。[*5]

2002年の1人当たり国民所得を考えようとする場合、移民調整後の技術尺度は、移民調整前の尺度に快勝する。移民調整後の尺度は常に、少なくとも二倍は強く、1500年の移民調整後の技術尺度は、こんにちのすべての国家間所得格差の優に半分以上を説明する。過去5世紀にわたる世界全体の経済史は、次のように要約するのが公平だろう。すなわち、物事は変われば変わるほど変わらない〔本書のエピグラフ参照〕――ただしそれは移民調整を行った場合に限る、と。

注目すべき一枚のグラフ

このシンプルな結果に『ニューヨーク・タイムズ』が着目した。2010年、同紙の経済ブログがこの結果について報道し、その鍵となる図を掲載した。それは「移民調整後の技術遺産」は2002年の1人当たり所得の強力な予測因子となることを示すものだった。当時同紙で働いていて、現在は『ワシントン・ポスト』に移ったキャサリン・ランペルは、次のような疑問をタイトルに盛り込んだ。

現在の貧困は紀元前1000年に決定されるのか？[*6]

そして彼女は自身の答えの一部を疑問形で提示した。

では、経済の成功は、先祖が1000年以上前に何をしたかによって決定されたとしたらどうなるだろうか？

そして「1000年以上前」の歴史は、今となってはそれほど重要ではないように見えるが、それよりも先祖が1000年前に何をしたかということの方がはるかに重要に思える、とランペルは言う。「結果的に、1500年の技術は、こんにちの富の予測因子としてきわめて信頼できるものである」。

しかしランペルの図とほぼ同じ図のx軸を見てみよう（図3・1）。ランペルのx軸には「1500年の移民調整後の技術水準」と書かれてあった。非常に信頼できる予測因子であるのは、その場所の過去ではない。それは「移民調整後」の過去、すなわちその場所に現在住んでいる人の過去なのである。

コミン、イースタリー、ゴンは、こんにちの世界的貧困はほとんどすべて、非常に現実的で、極端に野蛮な1500年以降、すなわちコロンブス以降の圧制によるものだという標準的な語りを、これらの結果がいかに崩壊させるかについて明確にしている。彼らは次のように記している。

西ヨーロッパとサハラ以南アフリカの、現在の1人当たりの所得格差は（…）13・3倍である。この所得格差は通常、1500年以降のサハラ以南アフリカにおける奴隷貿易、植民地主義、そして

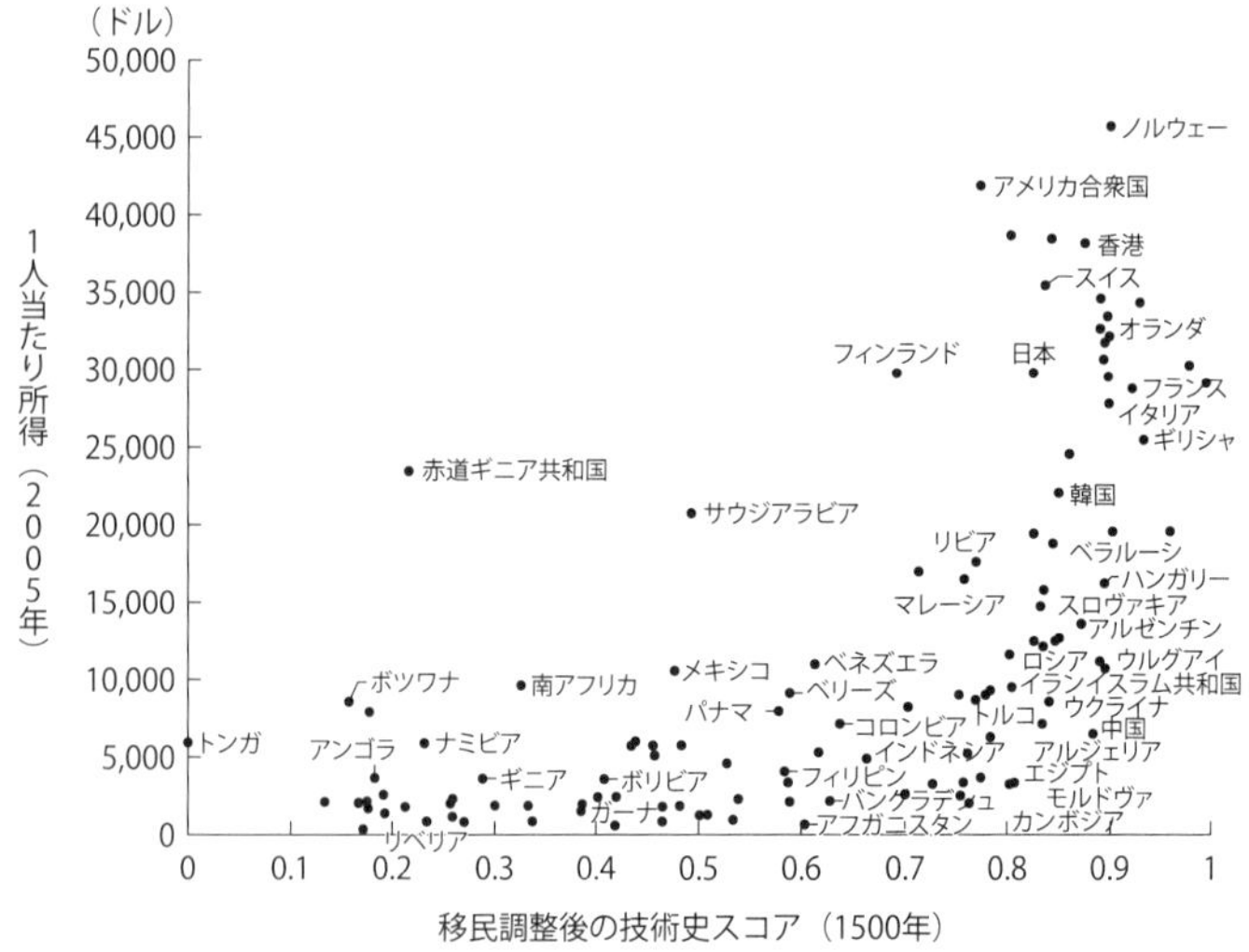

図3.1　『ニューヨーク・タイムズ』に掲載された図
移民調整後の技術史スコア（T）によって2005年の1人当たり所得が予測される。
出所：Comin, Easterly, and Gong (2010); Heston, Summers, and Aten (2006)

独立後の要因によるものである。［しかしコミン、イースタリー、ゴンのシンプルなモデルにおいては］サハラ以南アフリカと西ヨーロッパの現在の所得格差の78%は（…）1500年における技術格差と関係している[*7]。

サハラ以南アフリカでは、他の地域と同様、1500年以前の過去がプロローグとなる。1500年以前のサハラ以南アフリカにおける技術の相対的立場を知っている研究者にとって、この地域の現在の低所得水準は、残念ながらほとんど驚くには値しない。他者（特に西洋人や北アフリカ人）がこの地域にもたらした大きな悪は、ほとんど確実に、この地域における生産性の低さの重要な原因である。ところがそれらがすべての原因とは考えにくく、おそらくその原因の大部分を占めるわけでもないだろう。もしかしたら、国家史、農業史、技術史のスコアはすべて、サハラ以南アフリカに関しては相対的に低いため、サハラ以南アフリカにおけるこんにちの貧困のほとんどすべてを理解したいのであれば、極端に遠い過去に注目するのが最善の方法だろう。

コミン、イースタリー、ゴンは、自分たちの三つの技術尺度よりもすぐれた競走馬がいるかどうかを確かめるため、パッターマンとワイルと同じ種類の分析の競争《ホースレース》を行った。特に彼らは、シンプルな地理的尺度との競争《ホースレース》を行った。つまり、ある国が内陸国であるかどうか、赤道からどれくらい離れているか（赤道から居住可能な距離にあるかどうかを含む）、その国が熱帯にあるかどうかといったことだ。いったんこうしたレースを行ってみると、紀元前1000年と西暦元年の技術尺度はそれほど強力なものには見えない（地理そのものがそれらを打ち負かしている）が、1500年の技術尺度はやはり非常に役立ち、繁栄の強力な予測因子となっている。そして前回見たように、これらの地理的尺度が繁栄を予測するからといって、それが統計分析の比較《ホースレース》（相関関係、因果関係、そうしたすべて）で上位を占める唯一の理由というわけではない。しかし何が効果的かを見るため、ちょっとした統計分析のスパーリングを行うのは良いことであり、しかも1500年の移民調整後の技術指数が効果的であることは明らかである。

国のSATスコアを算出する

これまで過去と現在をしっかりと結びつける三つの主要な指標に着目してきた。

S：紀元元年以降の国家史
A：数千年にわたる農業史
T：1500年以降の技術史

これら三つの尺度を結びつけて、一つの便利な指数にしてみよう。これが、ある国の移民調整後のSATスコアになる。私が都市化の尺度（過去の生産性を測る非常に便利な指標）を、紀元前1000年および西暦元年の技術指数尺度と一緒に省いているのに気づくかもしれないが、それはこれらの尺度が分析の競争《ホースレース》ではあまりうまくいかなかったからだ。しかし「SATスコア」の方が（都市化の尺度U（urbanization measure）を含めた）「SATUスコア」よりも覚えやすいし、1500年の技術尺度にフォーカスするのが賢明なのは、それが、私たちみなが直感的に埋解する何かを捉えているからである。つまり、技術におけるヨーロッパと東アジアの強みは、500年間持続しているということだ。これはかなりの実績であり、忘れてはならないものだ。

他にも議論に値する遠い過去の尺度がある（後にいくつか紹介する）が、ここではこの発展途上の本書を生み出した古典にこだわろう。Aスコアを0から1（0は農業に従事したばかりの者、1はイラク近郊の最古の農夫）までの数字に変換してみる。これによって、三つすべての数字が0から1まで手際良く動くことになる。その後、これらの数字を一つの方法で合計する。すべて移民調整後の数字だ。

SAT：三つのスコアの単純平均、証拠の保留なし。
SAT*：三つのスコアの「ベストフィット」加重。世界中のあらゆる国の1人当たり所得を可能な限りうまく予測するように調整されたもの。[*8]全世界に「ベストフィット」は一つしかないため、この値はそれぞれの国に合わせて作られたものではない。そしておそらく当然のことながら、ベストフィットは加重の大部分をT、すなわち移民調整後の技術史に与えたものになる。

定住農業というライフスタイルを理解するのが遅かった（控えめなAスコア）ものの、1500年には地球規模の技術フロンティアに近かった（高いTスコア）西ヨーロッパに目を向けたとき、現在の繁栄の予測に役立つこのTが並外れた力を発揮する。明らかに、西ヨーロッパはこんにちでも経済フロンティアに近く、SAT*指数はTに高い加重を与えることによって、Tと現代の繁栄との強固なつながりを反映するのに役立っている。

そしてもう一つの明らかな例外を考えてみよう。SとTが異なる物語を語っているエチオピアの例だ。組織化された独立国家で、本質的に中断されることのなかった、1500年までのエチオピアの古代史（Sの値を可能な限り高く設定）は、この国の現在の景気低迷を理解する上であまり役立ってい

	SAT	SAT*	1人当たり所得、2002年
カナダ	0.72	0.87	$29,900
ドイツ	0.81	0.82	$27,200
中国	0.90	0.78	$4,500
インド	0.75	0.63	$2,600
ボリビア	0.50	0.33	$2,500
カメルーン	0.27	0.12	$2,000

表3.2　SAT、SAT*、6つの代表的な国の繁栄

SATの欄は移民調整後の国家史、農業史、技術史のスコアの単純平均である。SAT*の欄は本文でも述べたように、また付録にも詳しく記しているように、技術史により多くのウェイトを置いている。

出所：Comin, Easterly, and Gong (2010)、算出は著者による。

ない。エチオピアでは、現在の1人当たり平均所得は、世界分布の20パーセンタイル〔百分位数〕程度だ。ところがエチオピアのTスコアが中程度――世界最下位には遠く及ばないものの、アフガニスタン、ブルキナファソ、エクアドルといった国とは肩を並べている――であることが、悲しくもこの国の国民が貧困であることを示している。これは驚きというよりも、**物事は変われば変わるほど変わらない**〔本書エピグラフ参照〕のケースに近い。

各国のSATとSAT*については本書の付録に記載したが、表3・2で世界の主要地域ごとにいくつか見て、それらを1人当たりの所得と比較してみよう。

SAT*スコアはこの6世紀の間に所得とともに完璧にランクアップしている一方で、よりシンプルなSATスコアの方はそうではない。わずか6ヵ国でSATが完全に合致しているのはそれほど驚くことではない。世界のすべての国をまとめて比較した場合、SATから国家間《クロスカントリー》所得格差（の対数）の61％を予測することができるが、SAT*では75％予測でき、これは国家間《クロスカントリー》所得格差の4分の3に相当する。75%という数字は、この統計分析が石油の豊富なアルジェリア、イラン、ベネズエラなど、旧来の方法（石油を地下から掘ること）で多くの金を稼いでいるOPECのほとんどの国を含めたものであると考えたとき、より印象的なものになる。

SAT*による信頼できる予測力のすべての例外にこだわるべきではないが、注目したい大きな例外が二つある。世界一の人口を誇る二つの国、インドと中国だ。それぞれ約130億の人口を擁し、二つの国を合わせると世界人口の3分の1を占めるため、これら両国について少し考えてみるのは有益だろう。中国のSAT*スコアはドイツの水準とほぼ同じだが、2002年にはドイツの1人当たり所得の6分の1程度だった。インドでは、SAT*スコアがはるかに高いにもかかわらず、2002年はボリビアと同じ平均所得だった。したがって、10億人を超える人口を擁する、世界のたった二つの国だけが、グローバルな規則から大きく外れる例外となる。

では、私たちはこのような例外に対して、お手上げだと諦めなければならないのだろうか？　断じてノーだ！　その代わり、両国は世界の平均的な国よりもはるかに速いスピードで成長していることに気づくべきである。だからこそ、インドも中国も世界ランキングを上り続けているのだ。教壇に立つ以上、実際にこのことを心に留めなければならない。というのも、大学教授として教えてきたこのわずか20年の間に、中国は世界の富裕国ランキングの124位から72位までランクアップしたからだ。そしてその理由の多くはすぐにわかる。1980年代、インドも中国も、競争市場に対してきわめて敵対的な態度から、やや市場志向を強くしていったが、両国とも世界基準からすればかなり腐敗した状態のままである。ところが市場に対する敵対的態度が徐々に和らいだだけで、その後の数十年にわたる成長のきっかけとなるには十分だった。10年ごとに、インドと中国は両国とも、その国家SATスコアだけに基づいて予測できるところに近づいている。10年ごとに、インドと中国は例外ではなくなっていき、それぞれが規則に近づいていている。これら二つの急成長する国は、あるべき場所へ向かっているのだ。

「ディープルーツ」を探究する

SATとSAT*は、過去はいかに物事の始まり《プロローグ》であるかという私たちの物語の結び《エピローグ》にはならない。私たちはすでに、過去の都市化によってこんにちの移民調整後の国の生産性が予測できることを見てきた。そして学者らは限りなく創造的であるため、今や国と国との間の差異を測ることのできる歴史的誘因の尺度がほかにもたくさん存在するのだ。過去20年間は、しばしば比較経済発展の「ディープルーツ」と呼ばれる、過去と現在の強い経済的結びつきに関する研究が盛んに行われたゴールドラッシュの時代だった。その一つの例は、パッターマンとワイルの本拠地であるブラウン大学が、長年「比較経済発展におけるディープルーツ要因」と呼ばれる年次会議を主催してきたことだ（私も一度参加したことがあるが、すばらしい会議だった）。どんなゴールドラッシュでもそうだが、大当たりすることもあれば、大外れすることもあるが、多くの人が堅実に何かを生み出してきた。ディープルーツ文献に関心を寄せる経済学者は、近代経済は何世紀も前、いや何千年も前に植えられた果実を実らせているという主張について調査している。またディープルーツ研究のすべてではないにしてもいくつかは、移民によって経済的に重要な文化的ルーツが、ある土地から別の土地へ移植されるという見方をする文化移植理論の主張を検証している。ディープルーツ文献でより卓越した成功を収めた「遺伝的距離」と「遺伝的多様性」について考えてみよう。

タフツ大学のエンリコ・スポラオーレとUCLAのロマン・ワチアーグは、最富裕国の人々とそれ以外の人々との間の遺伝的距離について調査してきた。そしてこの研究を一つの論文にまとめた。「経済発展のルーツはどれくらい深《ディープ》いか？」というタイトルが、この研究分野の名称の由来となっている。[*9] 遺伝的距離の尺度を構築するため、彼らは私たちのDNAの中でも、実際の遺伝子をコード化しない「ジャンクDNA」として知られる部分のみに着目した。彼らが見ているのは、複製エラーの遺伝子に相当するものをほぼ永久的に収集し、保存しているように見える人間のDNAの一部だけだ。これらのエラーの一つが特定のタンパク質のコードを実際に含むDNAのセクションの一つに最終的に行き着くことになっているとすれば、複製エラーがダメージを与える可能性が高く、そうしたDNAの複製エラーは通常のダーウィン的自然淘汰によって取り除かれる傾向がある。破壊されたDNAは修正することができず、普通は捨てられてしまう。もちろん、そうした複製エラーの一つがレモンをレモネードに変えるような類の良いエラーだとしたら、数世紀もすればそれがより一般的なものになる可能性は高い。ところがジャンクDNAセクションでは、こうした複製エラーが、廃墟となった倉庫の壁に描かれた落書きのように累積していく——一度書き込まれたら永遠に消えないのだ。

ジャンクDNAに関する私のお気に入りの比喩がある。中世写本の複製エラーだ。たとえば新約聖書の写本の中世のコピーの原典がどこから来たかを見極める標準的な方法は、複製エラーのパターンを見ることだ。ヨハネの福音書を根気よく手書きで書き写していた修道士が、うっかり「パウロは生き返った」と書いてしまったら、誰かが必ずその明らかなまちがいを見つけて、修正したり、そのページを破棄したりするだろう。ところが同じ福音書を書き写していた誰かが誤って、イエス・キリストがカファルナウムの街「へ（to）」行ったと書くべきところを、その街「に向かった（toward）」と書いた場合、その部分は品質管理官の目をすり抜けることができるかもしれない。そしてその原稿が後に再び書き写されたとき、まちがって書かれた、「に向かった」という表現がそのまま残る可能性は高い。中世では、原稿を書き写すとなると、保守的な見方がなされた。手持ちの写本をできる限り確実に書き写し続けること、原稿の些細な変更について、あれこれ推測することに注力しすぎないこと、といったものだ。おそらく、あなたがより良いものだと確信しているバージョンは、存在しないのかもしれない。

すべてに「カファルナウムの街に向かった」という文言と、さらに稀なエラーが共通していくつか含まれる原稿のコレクションを見つけた場合、まさにその羊皮紙に同じ人物が書いたという確信は持てないが、その先祖は同じで、それらがそれぞれ最初の「カファルナウムの街に向かった」という原稿のコピーだったり、そのコピーのコピーのコピーだったりすることはまちがいないと思えるだろう。そしてここが私のお気に入りの部分なのだが、同じような複製エラーを含む数多くの原稿はどれも、特定の地域――たとえば、すべてが中世のカンタベリー〔英国国教会の総本山〕から約50マイル（80キロメートル）圏内――にあることがわかる。北へ6マイルほどのところにあるものもあれば、東へ15マイルのものもあり、西に55マイルほどのものもたくさんある。こうなると、オリジナルの複製エラーはカンタベリーに端を発するのではないかと推測し始める人もいるかもしれない。共通のエラーセットが、それらのエラーの出所を知る鍵となるのだ。

　ＤＮＡのコピープロセスもまったく同じように作用する。一度でも複製エラーが入り込むと、次の人間の原稿へそのエラーがコピーされ、また次へと続く可能性は高い。そしてＤＮＡコードは30億行あるため、ジャンクＤＮＡセクションにほんのわずかなエラーがあったとしても、誰がどこから来たのかをほぼ確実に特定できる複製エラーがたくさん存在するということになる。ジャンクＤＮＡ内の複製エラーは指紋と同じような働きをする。つまり指紋がどのように見えるかは重要ではない。あなたの指紋と私の指紋が違うということが重要なのだ。ところが指紋と比較すると、ＤＮＡの複製エラーは世代が変わってもあまり変わらない――それらは非常にゆっくりと変化する。つまり平均して、アイルランド人は通常、フランス人と異なる複製エラーを持っているということだ。そしてどちらの国の複製エラーの平均値も、日本人のものとはまったく異なる。何世紀にもわたってこうした世界のさまざまな国のジャンクＤＮＡの複製エラーを示す大規模な世界的データセットが存在するため、ある国の人が別の国の人とどう違うかを測定するのは簡単だ。そしてＤＮＡの複製エラーはどの世代においてもほぼ一定した割合で累積するため、差異の量が、歴史的距離の尺度に変わる。１万年前に分離して、その後、互いにほとんど接触のなかったグループ（アフリカ人と東アジア人など）は、まったく異なるＤＮＡの複製エラーを持っている。これに対して、５００年にも満たない過去に分離した人々（イングランドに住むイギリス人とイギリス系アメリカ人など）は、複製エラーにわずかな違いしかない。

スポラオーレとワチアーグは、DNAの複製エラーは的外れであり、有益ではなく、人々の間に有意な差異を何ひとつ生み出さないと予測した。彼らがこの主張をしたときは、それが一般的な見方だった。こんにち、ジャンクDNAが100％ジャンクなのか、半分ジャンクで半分重要なのかということをめぐって、多くの真剣な議論がなされているが、[*10]幸いなことに、それはスポラオーレとワチアーグの目的にとってはどうでもいいことだ。私たちは彼らのように、これらのDNA要素を、二人の人間の指紋の違いを扱うような方法で扱おうと思う。換言すれば、ある人間の身元を確認しようとするとき以外は重要ではないということだ。

文化的距離の尺度

スポラオーレとワチアーグはこのジャンクDNAを使用して遺伝的距離の尺度を作成し、世界有数の経済大国（アメリカ合衆国など）に遺伝的に近い国々は、より遠い国々よりも豊かであるかどうかという疑問を提示した。彼らは読者に対して、自分たちがこれらの遺伝的距離の尺度を使っているのは、アメリカ人が繁栄をもたらす遺伝的形質を持っていると確信しているからではないと何度も念を押している。彼らはその理論をまったく検証しようとはしていないのだ。その代わりに彼らは、遺伝的距離の尺度を文化的距離の客観的尺度として使用していると述べている。彼らはさらに、二つの文化が互いに似ている場合、良い概念（または悪い概念）を行き来させるのはより簡単だと考えている。グラス半分のワインと同様、文化的類似性は人々がコミュニケーションをする上で役立つ。言葉がとても良く似ていたら、世界の見方がとても良く似ていたら、自分の国の文化的イノベーションを隣国の文化とシェアするのは簡単になる。ところが文化的差異が大きいと、それがうまく翻訳できない新しいジョークであろうと、まったく異なる遠い文化の規範にあまりフィットしない組立ラインを手配する新しい方法であろうと、意見交換に障壁が生まれる。

それなら、文化的距離だけを測定すれば良いのではないか？　確かにスポラオーレもワチアーグも、よく知られた方法、つまり言語の類似性を利用してそれを試みている。そして「言語的距離」の尺度も、ジャンクDNAの「遺伝的距離」の尺度も、いずれも似たような物語を語っている。文化的または遺伝的にアメリカ合衆国に近い国々は、平均して他よりも豊かであるということだ。だが、「遺伝的距離」の尺度の方が、繁栄を予測する上ではずっと役立っている。

したがって、これは一つの影響力ある「ディープルーツ」尺度で、まさしく文化的距離の間接的尺度でもある「遺伝的距離」の尺度なのだ。それがなぜ効果があるかについて確信するのは少し難しいが、現代の繁栄を予測する生の力の問題としてそれが機能していることは確かだ。そしてそれは数多くの慎重な事前調査を経て生き延びている。「遺伝的距離」と気候の尺度や、内陸国か島国かといった地理的尺度を照らし合わせてみたり、遺伝的距離が、ある国が平均して他の国よりも豊かであるという事実を捉えているだけなのかどうかと問うてみたりしているのだ。「遺伝的距離」は、こうしたすべてのコンテストでかなりの好成績を残している。彼らのオリジナルの論文がハーバード大学の影響力のある『クォータリー・ジャーナル・オブ・エコノミクス』に発表され、学術論文や専門書に700回以上引用されてきたというのも驚くべきことではない。[*11] スポラオーレとワチアーグの研究は、この分野の他の研究者にもインスピレーションを与え続けている。

多様性の評価

ブラウン大学のオデッド・ガローとウィリアムズ・カレッジのカムルル・アシュラフは、過去がどのように現在を形成するかに関する別の理論を思いつき、その上、過去を測定するもう一つの方法を思いついた。[*12] 彼らの理論は文化的多様性の利点と代価の比較に焦点を合わせたものだった。文化的多様性の利点は、一部には、個々人がそれぞれの長所を持つ真にユニークな個人で構成された社会の利点である。これら多様な個人はそれぞれ異なる長所にフォーカスし、部分の合計よりも実際に大きい全体――使い古された表現としてではなく――を生み出す。1776年に遡ると、経済学の生みの親であるアダム・スミスが、ピン工場の古典的な物語の関連する話をした。この話では、ある作業員は細い針金を正しい長さにカットすることにこだわり、もう一人の作業員は針金の先端を研いで尖らせ、さらにもう一人の作業員はもう片方の先端を少しだけ平らにし、その他の作業員は、100本単位でピンを売るための梱包をした。スミスは、それぞれの作業員が一日中同じ仕事だけをするならば、チーム全体では1日に何ポンド（何千本）ものピンを生産することができるが、それぞれの作業員が一人で各ステップをこなさなければならないとしたら、1日に数ダース生産できれば良いほうだろうと強調した。スミスは当然ながら、専門性が高ければ高いほど（仕事の多様性があればあるほど）現代の繁栄を構築する手助けになることを正しく理解していた。[*13]

ガローとアシュラフがアダム・スミスの物語を語り直そうとしていたのだとしたら、おそらく彼らはこう言うだろう。針金のカッティングが得意な人もいれば、研磨が得意な人もいれば、梱包が得意な人もいる。そして人が多様であればあるほど、ピン工場での仕事がすばらしいものになる可能性が高くなる（同じ工場の他の仕事はまったく不得意だとしても）と。多様な人々がいる世界では、それぞれのスキルに合った適切な仕事が見つかる可能性が高くなる。アダム・スミスは、分業は市場の範囲（ある意味では社会の規模）によって制限されると言った。だがガローとアシュラフがスミスの理論を更新しようとしたのは正しいだろう。彼らはこれに加えて、分業は社会におけるスキルの多様性の範囲によって制限されるとしたのだ。並外れてスキルが多様化した社会では、これまでで一番うまく針金をカットする人と、これまでで一番うまく研磨する人をペアにすることが期待される。そして二人が力を合わせれば、私たちが必要とするすべてのピンを生産することができる。簡単な方程式にするとこうなる。

より大きなスキル多様性＋最高の者同士が出会える大規模で開かれた社会
＝生産性が大幅に向上し、あらゆる人を豊かにする

これが、スキルの多様性の利点の一例――というよりも象徴――だ。ところが、多様性には代価もあり、この代価には文化的距離に関するスポラオーレとワチアーグの物語と共通するものがある。多様な集団においては、全員が同じ見解を持ったり、複雑なタスクを整理したり、万全の準備を整えた

りするのは難しいかもしれない。私たち全員が異なるビジョンを持っていて、それに対して個別に取り組むことができたら（いわばピン工場の別々の部門で仕事をしているような）協調性は重要ではない。しかし私たちはしばしば、何か大きなタスクについて合意しなければならない、少なくとも団結しなければならないときがある。おそらく1日に何回工場を開けたり閉めたりするか、クリスマス前の週末に誰が仕事に来なければならないか、工場の食堂で何を提供すべきかといったことについて合意しなければならないだろう。私は意図的に、議論になりにくい例、解決するのは面倒だが破談になるようなものではない問題を挙げた。なぜならそうした些細な面倒がそれなりにあれば、それらは職場の悪い文化に拍車をかけ、生産性が失われ、労働者は仕事を避けたり、辞めたりするからである。

多様性のレベルが高いことによって社会的対立が生じるような、よりわかりやすい例がある――第5章のトピックである「民族間の対立」というのは新聞や歴史書のお決まりのフレーズである。しかし多様性の代価は、いくら小さくても、効率化や生産性、繁栄の障壁になることがある。

これまでのところ、これはすべて理論の話、仮定的な例を挙げた単なるおしゃべりにすぎない。ところがガローとアシュラフは、検証できない架空の物語という段階にとどまることはなかった。彼らは外に出て、データを集め、自分たちの理論を検証した。今やどこにでもあるような、国をまたいだ大規模な遺伝学データセットを利用して、世界中のそれぞれ異なる国の内部における遺伝的多様性レベルの尺度を発見した。彼らの理論は、各国の内部には遺伝的多様性のゴルディロックス（中間の）レベルがあると予測した。少なすぎれば多様性の多くの利点は得られず、多すぎれば社会的対立という多様性の代価がそうした利点を一掃してしまう。十分に幸せな中庸とは、社会における多様性の拡大がもたらす（下降する）利点と（上昇する）代価のバランスを取ることであろう。

そしてまちがいなく、それこそが彼らの見つけたものなのだ。サハラ以南アフリカは、その境界線内部の遺伝的多様性が世界最高レベルであることはよく知られている。すべての現代人は、アフリカで暮らしていた人々の子孫であり、人類は地球上の他のどんな場所よりもアフリカ、特にサハラ以南のアフリカにずっと長く住んできた。アフリカでのその長い期間は、なぜ現在サハラ以南に住むアフリカ人が、すべての人類の中で最も遺伝的多様性の高い集団であるかの重要な理由の一つとなる。*14 過去1万年以上の間にその大陸を離れ、ヨーロッパ人やアジア人の先祖となったアフリカ人の数は少ない。その少なさを考えると、彼らがユーラシア大陸にもたらした遺伝的多様性はあまり多くなかった。

というわけで、もしサハラ以南アフリカに最も遺伝的多様性があるとしたら、そしてユーラシア大陸の遺伝的多様性が中程度だとしたら、どの地域が最低の遺伝的多様性、つまり遺伝的に少し異なる隣人をもつチャンスが最も低いだろうか？　南北アメリカ、しかもヨーロッパ人が来る前のアメリカだ。ベーリング海峡を渡ってやってきたアジア系移民の数は少なかったため、彼らは世界水準に比べてそれほど多くの遺伝的多様性をもたらさなかったようだ――または少なくとも、西半球で生き残り、そこに住み着いた子孫を持つアジア系移民は、世界水準に比べてそれほど多くの遺伝的多様性を有していない。そして現在、最も貧しい傾向にあるラテンアメリカの国は、ネイティブアメリカンの割合が最も多い国である傾向が強い。

SATスコアの重要性

スポラオーレとワチアーグによる「遺伝的距離」の物語と、ガローとアシュラフによる「遺伝的多様性」の物語には共通点があるのに気づくだろう。どちらも「遺伝」の物語と「文化」の物語が何度も入れ替わり、どちらも遺伝的エビデンスを利用して、本質的には文化的な物語を語っているのだ。

ところが二つの物語には大きな違いもある。「遺伝的距離」の場合、それは大部分が隣国に住む隣人との文化的・経済的・社会的類似性に関する物語である一方で、「遺伝的多様性」の場合、それは大部分、国の内部における文化的・経済的・社会的多様性に関する物語なのである。それらは実は別個の物語なのだ。

今こそ、これらの尺度の中から勝者を選ぶときなのかもしれないが、そうはならないようだ。私はこれら多くの尺度に関して最終的な結論を下そうとは思わない。いずれにせよ、それはまだである。そのすべてに何か重要なものがあるかもしれない。なぜなら繁栄はまさに、多くの成分をさまざまに組み合わせて作ることのできるレシピだからだ。だが私は、次のような重要な事実を指摘したいと思う。つまり、これらすべてのケースで、これら過去のすべての尺度を使った場合、それが

国家史であれ
農業史であれ
技術史であれ

過去の都市化率であれ
経済フロンティアからの遺伝的距離であれ
国内の遺伝的多様性であれ

そのすべてにおいて移民調整後の尺度は調整前の尺度に勝るということだ。多くの人々が1500年以降に移動してきた世界のある国における現在の繁栄を予測しようとするならば、まちがいなく、絶対的に、そして疑いなく、誰がどこへ移動したかに注意を払わなければいけない。*15

また、極端に古い過去が重要であるならば、それは現在だけでなく、最近の過去にとっても重要だということも覚えておこう。パッターマンとワイルは当初の論文でこのことを指摘した。彼らはコミンの技術指数の初期バージョンを使用して、国の現在の繁栄を予測しようとする場合、1500年の**技術史**（T）は**国家史**と**農業史**のスコア（SとA）を凌駕することを発見した。彼らはこの発見に対してシンプルな、おそらくは正しい説明をした。過去のSとAのスコアを生み出した文化的特性は、最終的に1500年のTスコアを形成する、と。数世紀にわたる組織化された国家と定住農業の長い歴史をもつ場所は、少なくとも1500年には、世界最良の技術の多くを使用していた可能性が高い、と。つまり1500年の技術指数は、その地域が世界最高の技術を採用するきっかけとなった過去のS、過去のA、その他の過去の経験の略語となっているのだ。

したがって、SとAをTというレシピの二つの材料だと考えるとわかりやすいだろう。または少なくとも、SとAは代用品であり、技術的成功を生み出すのに役立つ複雑性（組織化された国家における生活にとって重要）と前向きな考え方（定住農業の生活にとって重要）による過去の持続的な成功を測る便利な手段である。極端に遠い「ディープルーツ」は、部分的には後のディープルーツの親である。SとAが、「ディープルーツ」の最も重要な単一の尺度であるTを形成するのだ。

すべてが偶然の一致だったら？

２０１９年、ユニバーシティ・カレッジ・ダブリンの経済学者モーガン・ケリーは、本章と前章で扱った関係のほとんどが単なる偶然の一致かもしれないと主張する論文を発表した。[*16] しかし幸いなことに、彼は経済学者であってテレビに出ている有識者ではないため、それが偶然の一致の可能性があると主張するだけにはとどめなかった。彼は実際に、それが偶然の一致かもしれないことを、重大なエビデンスを提示しながら順序立てて説明した。議論にはいくつか手の込んだ統計が使用されたが、彼の要点は単純明快である。数学で表現された彼の主な主張を文章にすると次のようになる。

世界にはあなたが思っているほど多くの国はない。

なぜか？　ほとんどの国が隣国のクローンに近いからだ。

では、古代の「ディープルーツ」スコアと現代の繁栄との間に非常に強い関係がある１００以上の国を見た場合、そうした関係を持つ国がほんのひと握りしかないとしたら、その印象はもっと薄くなるかどうか考えてみてほしい。

実際、この統計が100を超える国からのデータを使用しているということに、人はまず感動するかもしれない。国家史によって100以上の国全体における現代の繁栄をうまく予測する可能性はどれくらいか？　もし世界に三つか四つの国しかなかったら、もちろん、どんな指数を使っても何回かは勝者が選ばれるかもしれない――4枚のコインのうち3枚の表裏を当てるのと同じようなものだからだ。上等だが大したことはない。当てずっぽうにやっても25%の確率で当たるだろう。ところがコイン投げを100回やったときのことを考えてみよう。少なくともそのうちの75回が当たりであれば、それは当てずっぽうにやるよりもずっとずっと良い。100回コインを投げて少なくとも75回を正しく予測できる人は本当に才能があり、コイン投げに対して真の洞察力がある。まぐれで当たる確率はわずか100万分の1程度だ。

ケリーはこう主張する。本質的に、「ディープルーツ」尺度が現代の繁栄を予測しているように見える唯一の理由は、実際はほんの数回しかコインを投げていないのに100回投げていると考えてしまったからだ、と。これは統計的には目の錯覚と等しい。実際、隣国と似ている国があまりにたくさんあるため、それはコインを100回とか200回ではなく5回とか10回投げているようなものなのである。ケリーの指摘は以前にもなされていたが、彼はそれを他の経済学者よりも徹底的に行い、コンピュータ・シミュレーションで裏付けを与えたことだ。彼は、ほとんどの国が実際、多くの点で隣国と非常に良く似ているため――私が「ほぼクローン」だと述べたように――、過去の力について100の別個のエビデンスがあると考えるとしたら、それはまちがいを犯していることになると指摘した。そうではなく、別個のエビデンスが5個とか10個あり、さらに、その最初の5個や10個のぼやけたコピーであるエビデンスが90個ほどあるようなものなのだ。世界に以下の九つの地域しかないと仮定してみよう。

ヨーロッパ
南アジア
東南アジア
東アジア
オセアニア（オーストラリアとニュージーランドを含む）
北アメリカ
南アメリカ
サハラ以南アフリカ
中東＋北アフリカ

実際、これらの地域内にある国は、最も近い隣国に似ていることが多い。ヨーロッパ内では、プロテスタントの国を無作為に選ぶと、その最も近い隣国もまた、おそらくプロテスタントである。かつてソ連圏にあったヨーロッパの国を選ぶと、その隣国のほとんどもソ連圏にあった確率は高い。ほぼすべての特性について考えてみよう。国民が塩漬けの魚を日常的に食べるかどうか、拡大家族と親密かどうか、または私たちにとって重要なこととして、平均的な国民が稼ぐ所得がいくらであるか。

そしてもちろん、ヨーロッパを全体として捉えると、その全体的な文化的特性は、たとえば全体として見た東南アジアとはかなり異なる。国というのはその隣国とかなり似ており（世界の他の地域と比べた場合）、ある地域内にある国々は通常、物理的に遠くにある国々とはまったく異なる（明らかな例外は、カナダやアメリカ合衆国、ニュージーランドなど移民が多い国々だ）。したがってケリーは正しいということになる。確かに、固有な国は100もない。ある地域に、十数ヵ国の、いやせいぜい数十ヵ国の「典型的な」または「代表的な」国があるだけで、そのいくつかはクローンに近い。カナダには申し訳ないが、ホーマー・シンプソンは正しかった。カナダ人は、統計的に見れば、本当はアメリカ系第二世代なのだ。

ケリーは、この地球上で私たちが見る「クローンに近いもの」には、おそらく多くの偽陽性、コイン投げのまぐれ当たり、雲の中に見える実際には存在しない動物の形のようなものが見つかるだろうということを示している。古代の過去と経済的な現在の間にはあまりに多くの比較対象があるため、まったく偶然の一致には見えないだろう。それらは何か重要なもの、何か「統計的に有意なもの」のように見えるだろう。ところで、プロテスタントの国々はカトリックの国々よりもワインの飲量が少ない——プロテスタンティズムがそうさせたのかもしれない！　プロテスタントの国々が多くの場合、近隣同士で、気候が寒すぎて良いブドウが獲れないということを私たちが思い出すまでは、それはもっともらしく聞こえる。近接性は多くの偶然の一致を生み出し、これが、あるパターンは本物であって単なるまぐれではないという確証を得るのを難しくしているのだ。これこそを学者は気にかけるべきであり、実際それはこの分野の論文の多く――特に最近発表されたもの――が確認しようとしていることなのだ。[*17]

しかし、こうした「雲の中の動物」が、本章と前章で検討した尺度にとって問題となる可能性はあるだろうか？　その可能性はきわめて低い。なぜか？　私たちが関心を抱く主要な特性は常に、移民調整後のスコアと移民調整前のスコアとの間の比較だからである。そしてこれまで見てきたように、その二つはまったく比べ物にならない。移民調整後のスコアはすばらしく、移民調整前のスコアはひどいものに見えるのが常だ。

これはケリーが近接性理論によって予測しようとしていたことと正反対ではないか！　もしある国が物理的に近い隣国と共通する特性を持つ傾向があるとしたら、次のような多くのパターンが見つかるだろう。たとえばアメリカ合衆国はメキシコにとても良く似ていて、シンガポール（市民のほとんどが中国系移民の子孫）は隣国のマレーシア（中国系移民をそれほど受け入れていない）にかなり似ている。しかし私たちが発見したのはそんなことでは全然ない。実生活において、移民の多い国における現代の繁栄を予測しようとする場合、その国の先祖の出身国のディープルーツスコア――SATスコア、都市化率など――を知る方がはるかに良い。

ケリーの理論からはより強い空間的な関係が予測できるが、文化移植理論からはより強い移民調整後の関係が予測できる。そしてどちらの理論がデータに近いかはもうおわかりだろう。ディープルーツは移動しやすい――そしてこれまで見てきたように、文化的態度も移動しやすい。そしてこれはケリーの「物理的隣国＝クローンに近いもの」という理論によって予測されるものとはまったく違う。

ケリーの理論では、移民調整前の尺度が統計的勝者になり、移民調整後の尺度が敗者になると予測されている。ケリーの説明は人ではなく場所が繁栄の予測因子になるという理論だが、実際は、人の方がはるかに重要なのだ。ケリーの批判は興味深く、人々から注目されてきたが、最終的にそれは移民調整後の繁栄のディープルーツの重要性を実証している。そして経済的な貧困と繁栄の予測因子になる移民調整後のＳＡＴスコアの力を目の当たりにした今、これらの移民調整後のＳＡＴスコアが政治的腐敗と政治的能力の予測因子となり得るということがわかってくるだろう。

第4章 移動する「善き統治」

国家を最低の野蛮状態から最高の豊かさへと導くための必要条件は、平和、軽い課税、そして我慢できる程度の司法制度の執行以外はほとんどない。他の一切は、事物の自然の成り行きによってもたらされるからである。

――アダム・スミス（1755年）デュガルド・スチュアートによる引用*1

ある国の政府は他の国の政府よりもすぐれている。1年ではなく1週間で運転免許を取得したければ、現金でパンパンになった封筒をしかるべき役人に手渡さなければならない国もある。私が――実際の確かな筋から――聞いた話では、車両管理局（MVD）のカウンター越しに封筒を滑り込ませるだけではだめなのだそうだ。それではあまりにも無神経だ。その代わり、初めてMVDを訪れたら、カウンターの向こうにいる人に、通常より少しだけ早く運転免許証を手に入れたい旨を伝える。するとカウンターの向こう側の人が電話番号の書かれた紙片を手渡してくれる。その番号に電話をかけると、所定の金額の現金を無記名の封筒に入れて、指定された住所（実際は集合住宅の一室）へ行くよう指示される。

その部屋に行ってみると、男が玄関口に出てきて、現金がいっぱいに詰まった無記名の封筒を受け取り、何日の何時にもう一度ＭＶＤへ行けば良いかを教えてくれる。言われた通りの日時にＭＶＤへ行くと、運転免許証はすでにできあがっている。そしてここが一番良いところなのだが、運転免許試験すら受けなくて良いのだ。

こうした低レベルの汚職は多くの国で起こっている。賄賂は、さまざまな場所で何かを成し遂げるための唯一の方法として使われることが多い。ところが、それが他よりも頻繁に起こる場所がある。そしてこれから見ていくように、それはその国の先祖が、ＳＡＴスコアの低い地域出身である場合に起こる可能性が高い。

政府の質のディープルーツを探し求めて

国家発展の長い歴史を持つ移民がもたらしたものが何であれ（…）それが、よりすぐれた制度や、経済的成功にとってより有利な文化の中に表れることは十分想像できる。
——パッターマン＆ワイル

『クォータリー・ジャーナル・オブ・エコノミクス』２０１０年[*2]

ディープルーツに関する最初のすばらしい論文の中で、パッターマンとワイルが、国家史は政府の質を測るすぐれた予測因子であるかどうかを調査したのは驚くべきことではない（彼らは農業史を省いたが、その結果はすぐに明らかになるだろう）。善良な統治と国の繁栄との間につながりがあることは、多くの経済学者にとって明らかなように見える。そして私たちは、善良な統治がほとんどの繁栄をもたらすのであり、その逆ではないという強い気持ちを抱いている。パッターマンとワイルの論文はこのトピックを扱った最初の論文だったため、彼らは最も複雑で最も完全なテストを行うことはなかったが、最も重要なテストは実施した。つまり、場所の歴史が人の歴史よりも重要かどうかを調べたのだ。また、すぐれた統治制度のディープルーツは、ある国から別の国へ移動する傾向があるかどうかも確認した。そして実際そうであることがわかった。

政府の質に関する彼らの三つの尺度を見てみよう。彼らがこの三つを選んだのは、ハーバード大学のエドワード・グレイザーが共同執筆した影響力のある論文[*3]でこれらが使用されていたからである――それは、たまたま国家史のディープルーツが良く見えるような三つの尺度を探してそれを選んだのではなく、手近な最善の尺度を獲得したことの証である。彼らは「行政府に対する制約、収用のリスク、統治の有効性という、制度の質を測る三つの指標」を選んだ。[*4]

行政府に対する制約は、「共和制とは**法による政治であって人による統治ではない**」というアメリカ建国の父ジョン・アダムズの言葉を、ある大学教授が言い換えたものである。[*5] つまり行政府に対する制約とは、行政府の指導者にやりたいことをやらせないようにする規則、ということだ。逆にそれは、制定法を利用して、課税や投獄の権力を持つ人がその権力を利用して敵を罰し、味方に報いることを抑制するということでもある。

パッターマンとワイルの第二の尺度である収用のリスクは、政府が市民や企業からものを取り上げるリスク（おそらくは、土地や機材を完全に没収したり、銀行口座を差し押さえたり、もしかしたらもっと巧妙に、政敵や外国人、大富豪への増税や手数料の引き上げといった手段）である。収用のリスクは財産権と対極にある。財産権とは、合衆国憲法修正第五条にある「何人も、法の適正な過程によらずに、（…）財産を奪われることはない。何人も、正当な補償なしに、私有財産を公共の用のために収用されることはない」†と謳われている権利だ。

したがって、あなたが法律を破っていない限り、政府が許可なくあなたのものを奪おうとしたら、政府は正当な対価を支払わなければならない。そしてこの財産権は、ジョン王が1215年にラニーミードで署名させられた大憲章《マグナカルタ》まで遡る。マグナカルタでは、われわれ〔we〕とは国王自身を指す。

同等の者の合法的判断や領土に関する法の裁きによるものを除き、自由民は誰も（…）権利や所有物を奪われることはなく（…）われわれは自由民に対して力を行使したり、力を行使するために誰かを派遣したりしない。

そして実際、経済史学者のグレゴリー・クラークがその卓越した経済史の書『10万年の世界経済史』で述べているように、英国の君主によって自分のものが奪取されるリスクは、何世紀にもわたってきわめて低いものだった。[*6] 場所によっては、収用のリスクがかなり低いところがある――そして少なくともこれまで、ほとんどの時代のほとんどの人にとって、このイギリスの低い収用リスクは北アメリカにそのディープルーツを植え込んできたのだ。

統治の有効性はこれと対照的に、壮大な政治的議論にも、適切な統治範囲にもあまり関係がなく、列車を定刻に走らせることに関係している。統治の有効性の尺度について著したカウフマン、クライ、ゾイド・ロバトンといった著者らは、ハーバードのグレイザーやその共著者らが「制度の質の主観的評価」と呼んでいるものを利用している。[*7] カウフマンと共著者らは次のように述べている。

統治の有効性においては、公共サービス提供の質の認識、官僚組織の質、公務員の能力、行政府の政治的圧力からの独立、政策に対する政府のコミットメントが一つのグループにまとめられる。[*8]

官僚組織は政治家に抵抗することができるか？　官僚は賢く、時間通りに現れるか？　政府専用空港は清潔で機能的か？　これらは統治の有効性の尺度を形成する「主観的評価」である。

パッターマンとワイルは、国家史がいかに三つすべての統治の品質尺度を予測するかを調査する。そして国家史は――移民を調整する限りにおいて――とてもよく機能している。移民を調整するとい

† 出典：アメリカンセンターJAPAN：americancenterjapan.com/aboutusa/laws/2569l

うことが非常に重要なのだ——それは人が場所よりも重要であるもう一つの表れである。移民を調整すると、国家史と収用リスクとの結びつきが2倍強くなる。統治の有効性については、この結びつきが3倍強くなり、行政府に対する制約では4倍強くなる。5世紀にわたる移民は政府の質にとって重要だったようだ。

ジェイムズ・アンの予測

移民調整後の国家史は、現代の政府の質を予測する上で満足できる仕事をするという事実は重要だが、それは私たちの調査のほんの始まりにすぎない。結局のところ私たちはすでに、ある国の所得を予測するということになると国家史は技術史に負けるということを知っている。国家史は政府の質を測るノイズの多い、古臭くて単純な尺度なのだ。実際、移民調整後の国家史の尺度は、統治の有効性の差異の3分の1も説明していない——だから、これが物語の全容ではないことは確かだ。では、物語の全容とはいったい何なのか?

この疑問に対する答えを知ることは決してないだろう——人生は常に謎に包まれている——が、それはジェイムズ・B・アンの努力が足りなかったからではない。シンガポールにある南洋理工大学の経済学者であるアンは2013年、「制度と早期発展の長期的影響」と題された驚くべき論文を著した。この論文は、ディープルーツのあらゆる尺度を取り上げ、それらが現代の政府の質をどのように予測するかを調査したものだ。[*9] そしてもちろん、どちらが重要かを調査することも忘れない。場所のディープルーツか、それともその場所に現在住んでいる人のディープルーツか。結論をばらしてしまおう。アンのディープルーツ尺度のすべてに関して、移民調整後の尺度は移民調整前の尺度よりも政府の質を予測するのに役立った。パッターマンとワイルの言葉を言い換えれば、政府の質を予測する上で、人の歴史は場所の歴史よりも重要だということになる。

世界銀行による「善き統治」の尺度

アンはパッターマンとワイルが用いたものと同じ、政府の質を測る尺度の一つを使用している。世界銀行の研究者ダニエル・カウフマンとその共著者らが作った政府の有効性尺度だ。ところが、この尺度は世界ガバナンス指標（WGI）として知られるものの六つの要素の一つにすぎない。[*10] そしてパッターマンとワイルがWGIのたった一つの要素しか使わなかったのに対して、アンは「主成分」として知られる六つすべての尺度の平均も生み出した。これはそうした世界銀行の尺度に完全に基づいた、ある種のベストヒットアルバムと言える。

では、WGIのその他五つの要素について考えてみよう。

1. 規制の質——政府の規則が民間部門を機能しやすいものにしているかどうか。
2. 法の規則——みんなが期待していること。すなわち「契約執行の質、財産権および犯罪と暴力の可能性」。

3. 汚職の制御——運転免許証などを買う行為と大統領職などを買う行為の両方。
4. 発言権と説明責任——「民主制となんらかの形の言論の自由」を婉曲に言い換えたもの。世界銀行はこれらの政治的にデリケートな話題に対して気をつけるようにし、暗号で話すことを試みる。彼らにときどき資金を提供してくれる反民主的で抑圧的な独裁者や暴君を怒らせたくないからだ。そしてここでも、他の場合と同様、WGI指数では、民主制と言論の自由は程度の問題であって、どちらか一方が重要なのではないということを忘れないでほしい。
5. 政治的安定性——テロの不在を含む。革命の可能性が少しでもあると、多くの投資家やスキルのある移民志願者を怖がらせてしまう可能性がある。

発言権と「説明責任」そのものを繁栄の原因として正当化するのは少し難しいとしても、これらはすべて良いことのように見える——実際、それ自体は良いことなのだ！　前書『マイナス10%の民主主義——なぜエリートを少しだけ信頼し、大衆を少しだけ信頼しないのか』[*11]で私が述べたように、民主制そのものが、直接的にせよ間接的にせよ国の繁栄を促進する手助けをするというエビデンスは、それほど強いものではない。それは、豊かな国が購入する贅沢品のようなもの、つまり、繁栄の原因というよりも結果なのかもしれない。

第七の尺度（SAT+）

とはいえ、これは六つのパートに分かれているWGI指数の一部にすぎない。だから屁理屈をこねるのはやめよう。その代わり、アンの七つのディープルーツ尺度に目を向けてみたい。すでにその五つには目を通している。

国家史
農業史
技術史
アメリカ合衆国からの遺伝的距離
1500年の人口密度

第六の尺度は、同じ大陸内にある最も豊かな国からの地理的距離である。それは、偉大な考えは長距離をゆっくりと拡散していくという考え、見知らぬ人よりも近所の人から学ぶ方が簡単だという考えを取り入れたものだ。そして結局、アンは第七のディープルーツ尺度を作った。それは他の六つの成分の第一の主成分であり、すべての主成分の巧みな加重平均である。これを第七の尺度SAT+と呼ぶことにしよう。

現在の善政の予測因子として、この七つはどのようなランク付けになるだろうか？　ここでは移民調整後の尺度しか見ないが、それは、ご承知の通り、これらの尺度こそ真に重要だからである。ベストからワーストの順でランク付けするとこうなる。

1．技術史
2．SAT+
3．人口密度
4．アメリカ合衆国からの遺伝的距離（距離が小さいほど良い）
5．西暦1500年における地域経済のリーダーとの地理的近接性（これも距離が小さいほど良い）
6．国家史
7．農業史

そしてリストの最上位と最下位の差は小さくはない。現代の優良統治制度を予測する際、技術史は農業史の2倍も役立つ。極端に古い過去の国家史と農業史のそれぞれによって予測されるのは、政府の質における現代の国家間の差異の3分の1に満たない一方で、図4・1が示しているように、1500年における技術史からは59％が予測できる。図4・1を額面通りに捉えるとしたら――そうすべきではないのだが――、少なくとも0・7という国の技術史スコアは、より質の高い政府を保証するものではなく、少なくともそれ以上のスコアが必須条件のように思われる。アンのSAT+は予測因子としてはそれほど引けをとらず、これによって、53％が予測できる。ところで、これらの移民調

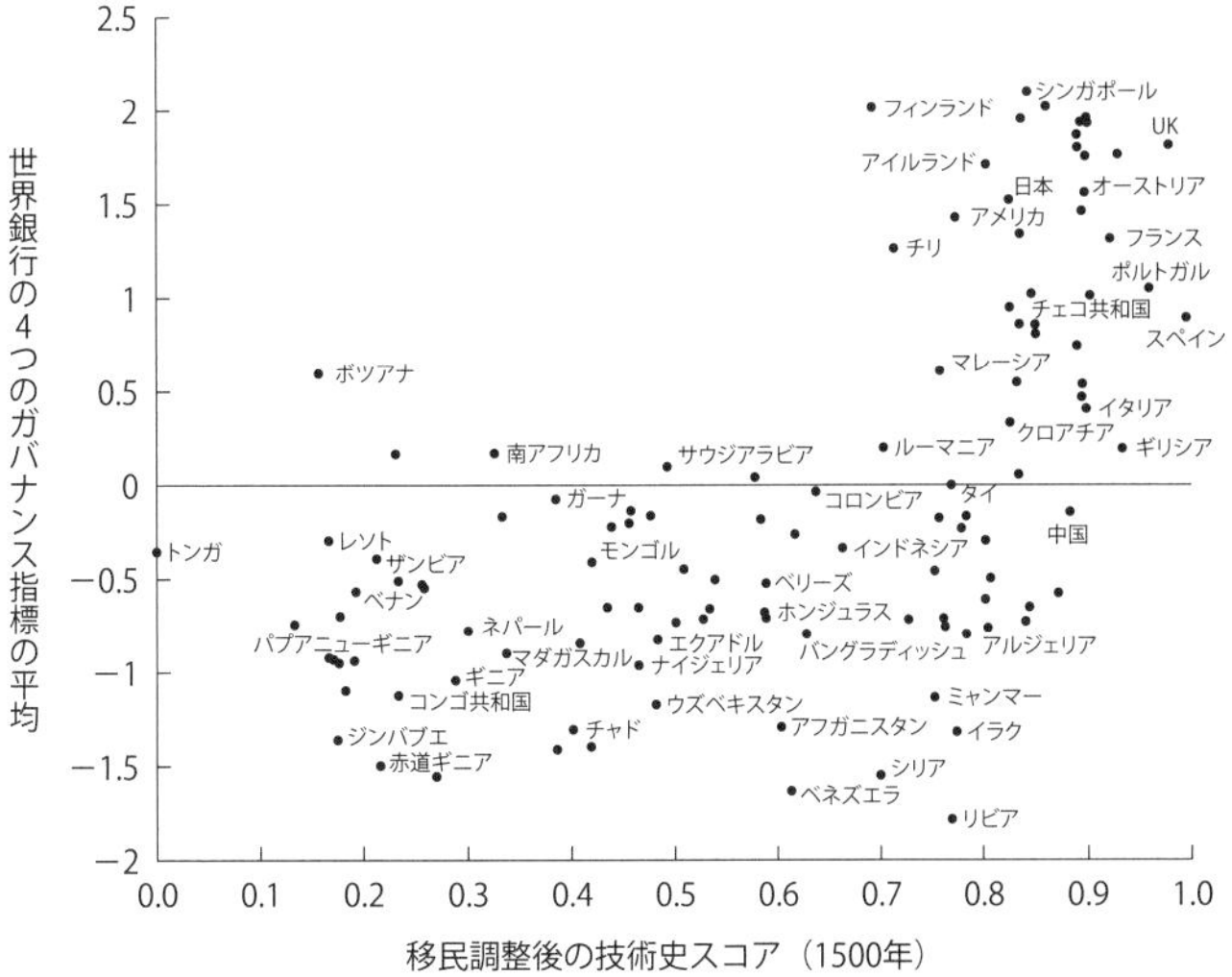

図4.1　移民調整後の技術史スコア（T）によって、現代の制度の質が予測される

制度の品質指数とは、世界銀行の「全世界ガバナンス指標：汚職の制御、法の支配、統治の有効性、および規制の質」の、2015年における4つの値の単純平均である。

出所：Comin, Easterly, and Gong (2010); Kaufmann and Kraay (2021)

整後のディープルーツスコアが国家間の1人当たり所得を予測するのにどれくらいすぐれているかをアンが調べたところ、移民調整後の技術史は、ここでも72%の予測率で勝利し、SAT_+は僅差の64%で2位につけている一方で、国家史と農業史はほぼ最下位で43%である。ここでも技術史（T）が勝利を収めている。

アンはここで終わりにはしない――技術史とSAT_+が勝利の予測因子であることを立証すると、彼はこれら二つの尺度を慎重に吟味することにほぼすべての努力を注ぐ。これらの尺度によって予測できる割合が「ネオ・ヨーロッパ」のみに依存するかどうかを確かめるためだ。「ネオ・ヨーロッパ」とは、経済学者がアメリカ合衆国、カナダ、オーストラリア、ニュージーランド、その他いくつかの国々を指すものとして使用する言葉だと思い出してほしい。しかしそうではない。しかもこれは、サハラ以南アフリカという、非常に貧しい国々が偏って多い地域を含めるかどうかということにも左右されない。強いて言えば、アフリカにあるこれら33の国々を除外することで、これらのディープルーツ尺度が少しだけ重要なものには見える。したがって、北アメリカとオーストラシアの最貧困地域やイギリスの旧植民地が、これらの調査結果を後押ししているようには見えないということだ。むしろ、世界の大半が私たちの物語の大半を語っているのである。

アンは、これら二つの尺度の重要性が、ある国の現在の地理をすでに知っていることによって下がるかどうか——これは緯度や、内陸か島国かなど、これまで見てきたものと同じ尺度に、地形の険しさという新しい尺度を加えたもの——および国の宗教的背景、教育レベル、その国がどの大陸にあるか、その他のいくつかの事実を調査する。これらを総合すると、こうしたさらなる特徴は技術史の予測力の40％を削ぎ落とし、SAT+の予測力の25％を削ぎ落とす。つまり、その関係は驚くほど強いものから単に強いものへと移行するのだ。ここでも、移民調整後のディープルーツは、すべてではないにしても、この物語の大きな部分を占める——そしてこれらは、なぜある国の経済や政治は他の国よりもうまく機能するのかに関する主流の議論からは無視されている。

アンはもう一つ重要な疑問を提起する。技術史とSAT+は所得に対して直接的な重要性を持つか、それとも政府の質との関係を通じたときのみ重要になるのか？　これはまるで、車のエンジンが重要なのは、トランスミッションを通過するからということだけなのか、それともエンジンがなんらかの方法でトランスミッションを迂回し、車のホイールに直接エネルギーを送ることができるからなのかと問うようなものだ。アンのテストでは、これら二つのディープルーツ尺度は統治の制度を通じた場合のみ重要になるように見える。または少なくとも、ディープルーツ尺度は、それらが現代の政府の質における差異の予測因子となる限りにおいて、現代の繁栄の予測因子となるように思える。アンの結果によると、ディープルーツは繁栄のエンジンのように見え、その電力は政府の質というトランスミッションを通じてのみ供給されるように見える。彼が正しいとすれば、どの国の人も、自分たちの国の移民政策がどのように自国の統治のディープルーツを形成しているのか不思議に思うはずだ。

運命の逆転はなかった

2002年の論文で、MITのダロン・アセモグルとサイモン・ジョンソン、そしてシカゴ大学のジェイムズ・ロビンソンの三人の著名な経済学者が、（少なくとも私たちのような怠け者の経済学者からは）過小評価されている驚くべき事実に着目した。その事実とは、一般に、ヨーロッパ以外に目を向けたとき、こんにち最も豊かな国は、たいてい1500年以前は最も貧しかった国であり、こんにち最も貧しい国は、たいてい当時最も豊かだった国である、というものだ。北アメリカは古典的な例である。パワフルで技術的にも比較的洗練されているアステカ帝国があったメキシコは、私たちが現在アメリカ合衆国やカナダと呼んでいる地域よりもずっと栄えていた。そして南アメリカも同じ事実を捉えている。比較的繁栄しているこんにちのチリ、アルゼンチン、ウルグアイなどがあるコーノスールと呼ばれる地域は、地域の水準からするとかなり貧しかった[*12]。東半球のエジプトとインドは、農業、洗練された国家、技術的専門知識の長い歴史があるものの、今ではグローバル経済のフロンティアには到底及ばない。

ヨーロッパの植民地化が世界の運命をひっくり返したことから、アセモグル、ジョンソン、ロビンソンは次のように結論付けた。植民地化がこんなにも完全に国の経済的命運を逆転させることができるのだとしたら、繁栄は地理だけによって、またはほとんど地理によって推進されるわけではない、と。そして次のように述べている。「むしろ、過去500年間の相対所得の逆転は、制度が（…）こんにちの所得に及ぼす影響を反映しているように見える[*13]」。

そして経済学においては過去20年間、そうした見方が運命の逆転を経験したことは一度もない。それどころか、そのような見方が持続しているのだ。アセモグル、ジョンソン、ロビンソンは、植民地化された国々が運命の逆転に見舞われるのは、植民者がすぐれた制度を人口の少ない国（1500年頃のアメリカ合衆国やカナダ）にもたらし、悪い制度を人口の多い国（メキシコやエジプトなど）にもたらしたからだと主張した。ところが、1500年以降、誰がどこへ移動したかに着目していた他の経済学者らは、運命の逆転に関するエビデンスの方がはるかに少なく、繁栄のディープルーツ理論のエビデンスの方がずっと多いと見ていた。その主な例は、ルイジアナ州立大学のアリンダム・チャンダと共著者のカリフォルニア大学マーセド校のC・ジャスティン・クック、そしてすでに本書にも登場しているルイス・パッターマンによる論文だ。彼らは共同で、この明らかな運命の逆転（メキシコが1500年以降にランキングを落とし、メキシコ以北の地域のランキングが上がったこと）は、新世界では多くの場合、人口の少ない地域は、SATスコアが高い国から来た数多くの移民の侵入があったという事実によって完全に説明できることを示した。これと対照的に、人口が集中している地域は、あまりに人口が多すぎるため、侵入者は元の住民を追い出すことができなかった。「運命の持続性：人口の移動を考慮してもコロンブス以降の逆転は見られなかった」というこの論文のタイトルは、こうしたすべてを物語っている。*14

侵入者は多くのすばらしいものを破壊したが、成功する運命だった経済を破壊することはなかった。その代わり、以前人口が少なかった国では、国のSATスコアを引き上げ、何年も後に実を結ぶであろう経済制度のディープルーツを植え込んだ。

「制度が重要」というのは今や経済学業界の常套句であるため、壮大な問題は、統治の制度が重要かどうかではなく、統治の制度がなぜどこも同じようにすぐれているわけではないかということを問いがちである。そして第1章で見た移民の子孫における文化の持続性に関するエビデンスと、本章で見た何世紀にもわたる移民調整後のSATスコアが現代の政府の質を予測するというエビデンスを合わせると、移民がある程度予測可能な方法で政府の質を形成するという一貫した物語になる。

このことを声を大にして言うときが来た。統治制度の文化移植理論は概して、国家間の政府の質の差異をうまく説明する、と。政府の質を形成する力に関して言えば、人は場所よりも重要だと考えるのはまったくもって妥当なことである。

第5章 多様性の何が問題なのか

民族的異質性が経済成長を制限することを多くの文献が示唆している。
——ジョナス・ジョート（コロンビア大学）
『クォータリー・ジャーナル・オブ・エコノミクス』2014年[*1]

ヨーロッパで切り花を買おうとすると、その花はケニアで栽培され、カットされ、アレンジまでされたものである可能性が高い。ケニアは世界第3位を誇る大規模な輸出主導型の花卉産業の本拠地で、毎年バレンタインデーが成り立つのはこの花卉産業のおかげだ。[*2] 花卉産業では、しばしば互いに対立する複数の民族グループ（地元では、複数の**部族**という言葉が使われている）の労働者が働いている。そしてこの民族間の対立は、既知の宇宙において最も強い勢力である個人の私利私欲を打ち負かすことができるほどパワフルだ。

経済学者ジョナス・ジョートは2012年、UCバークレーの博士論文の一部として、ケニアの花卉産業における民族間の対立について影響力のある論文を著し、最終的にこれをハーバード大学が発行する『クォータリー・ジャーナル・オブ・エコノミクス』に発表した。ジョートが研究を行っていたケニアの大規模な花卉工場では、ある労働者は温室から花を持ってくる「供給者」だ。この供給者はその後、「加工者」である二人の労働者に花を配達する。加工者の仕事は花をきれいにし、茎を整え、納品用にパッケージングすること。つまり、一人の供給者が二人の加工者に花を渡すということだ。ジョートが調査を行った会社では、供給者も加工者も同様に、ほとんどが二つの民族グループ、キクユ族（およびその友好部族）とルオ族（およびその友好部族）によって構成されていた。これら二つの集団は圧倒的多数を占め、政府の選挙においてそれぞれ異なる政党に投票する。それは彼らの根深い意見の相違、つまり民族間の対立を示す一つのシグナルである。

労働者は通常、1回の仕事につき約2週間半現地に滞在し、その後、平均して2、3日の休みをとって、再び仕事に戻る。ある労働者が休暇に入ると、代わりの労働者はキクユ族かルオ族のいずれかになる――会社は民族によって仕事を割り当てているわけではないので、代わりの労働者がどちらの部族になるかはコイン投げと一緒である。つまり、半々の確率で、二人の加工者が同じ民族グループである場合と異なる民族グループである場合があるということだ。では、二人の加工者が異なる民族グループである場合、根底にある民族間の対立は労働者の生産性を低下させるか、それとも、やるべき仕事がある場合は、民族間の相違は無視されるのか？

2万8000以上の異なるチームを構成する900人を超える労働者からのデータをもとに、ジョートは2007年、二人の加工者が異なる民族グループだったとき、同種の民族のペアよりも生産性が5％低下すると報告した。そして供給者と二人の加工者が異なる民族グループの場合、生産性は8％減少した。この地域では当時、民族的多様性は強みではなかった。当時のケニアでは、民族的多様性は弱点だったのだ。

そしてこの発見が目を引くのはまさにこの点である。労働者は出来高払いで賃金が支払われるため、彼らは本質的に花代で支払われていた。花が多ければ支払いも多い。彼らは、あちこちで少しだけ仕事をサボっても、どれほど一生懸命働いたかに関係なく同じ賃金がもらえるようなサラリーマンではなかった。仕事の出来が悪ければ持ち帰れる金額も少なくなる。したがってこの民族間の対立は彼らの財布を直撃した。

2007年の終わりに、ケニアで大統領選が行われ、キクユ族の候補ムワイ・キバキが当選した。ところが選挙の公平性について、「[ルオ族が主導する]野党と国際社会から異議が唱えられた」[*3]。とりわけそれは、ルオ族の候補者ライラ・オディンガが世論調査でリードしていたからである。ジョートはその結果を次のように説明している。

キクユ族とその友好部族に対する広範囲にわたる暴力が突然勃発し、反撃がそのすぐ後に続いた。1200人を超える人々が命を落とし、50万人がその後の数ヵ月で家を失った（…）4月3日になってようやく、この政治的危機は両サイドが「権力共有の」合意に達したことで終結した。[*4]

この命に関わるような政治的対立の形が、花卉工場ではどのように作用したのだろうか？　民族的に多様なチームの生産性を通常よりも低下させることによって（ただし、民族的に同種のチームの生産性を少しだけ向上させる［したがって賃金もアップさせる］ことによって）だ。ケニアの政治的暴力は多様性チームと同部族チームの間の生産性の格差を倍増させた。したがって民族的多様性による代価と民族的同種性による利益は固定されたものではない――それらは社会的緊張が上下するにつれて、上昇したり下降したりする。ところが少なくともケニアでは、この代価と利益を、統計学者なら誰でも目の当たりにすることができる。

ジョートはすべての努力を注いで、この特別な点を明確にしている。労働者は、他方の民族グループの誰かへの支払いを少なくするためなら、自分自身の個人的な支払いを喜んで下げようとするのだ。この仕事にはチームの努力が要求される。なぜなら供給者と加工者が協力して花束を準備したり梱包したりしなければならないからだ。したがって、チームに貢献しなければ、自分も損をする。そして労働者は明らかに、自分自身に損害を与えることになる。「労働者は同じ民族ではない同僚への支払いを少なくするためなら、自分自身の支払いを喜んで下げようとする」からだ。[*5]

それは、銃弾が自分の傷口を貫通して敵に当たるのを願いながら自分の足に発砲することと同じで、あまりにも人間的な選択だ。

民族抗争が高くつく場合であっても、それを喜んで買おうとする人がいる。もちろん、さまざまな時代にさまざまな国で民族抗争が起こった歴史的理由を、もっと時間をかけて記録することもできる。そしてさまざまなケースにおいて、どちらにほとんど、または完全に非があるかについて博士論文を書いたり、Ｎｅｔｆｌｉｘのドキュメンタリー番組を制作したりすることもできる。しかし国の平和、国の繁栄、国民の繁栄を理解するという視点から捉えれば、覚えておくべき最も重要な事実は、残念なことに、非常に多くの国で民族抗争が起こる理由が常に存在するということだ。

十分な時間と、十分な繁栄と、そしておそらくは正しい文化的制度があれば、民族的区別などほとんど無関係になるだろう。フランスの地域間の文化的差異は、何世紀もかけて縮小しており（これはバルザックの19世紀の小説のテーマだった）、かつて19世紀の半ばにはきわめて重要だったドイツ系アメリカ人とイギリス系アメリカ人との間の民族抗争は、今や社会問題というよりも『サタデー・ナイト・ライブ』〔アメリカのＮＢＣで放送されているコメディバラエティ番組〕の一場面のように聞こえる。しかし民族間の対立を癒すことについて私たちはほとんど何も知らないということを考えれば、私たちが問題としているこれらの対立を、長い目で見て付き合っていくものとして扱うべきだろう。

民族的多様性に関するテスト

すべてを考慮した上で、民族的多様性の拡大が利点なのか欠点なのかを見極めようとするとき、ケニアの花卉工場にエビデンスを求めようとするのはなぜか？　たいていの場合、民族的多様性に関する他のほとんどの研究では、ある問題が本当に民族的多様性に起因するのか、それとも単に民族的多様性に付随しているだけなのかを見分けるのが難しいからだ。

新しい選手を探しているアメリカの野球チーム、ニューヨーク・ヤンキースを考えてみよう。ヤンキース（26人の選手を擁する）がチームのために二軍の選手を十数人採用すると決めた場合、それはヤンキースの「年齢の多様性」を増大させ、この新しく生まれ変わったヤンキースが他のメジャーリーグのチームと対戦した場合、散々な成績になることは明らかだ（といってもメッツには勝つだろう）。したがって素朴な傍観者なら、すべての負け試合の原因となったのは『年齢の多様性の増大」だと思うかもしれないが、実際は、野球がそれほど得意ではない少年たちを連れてきたことが原因だったのだ。

民族的多様性の増大は良いことか悪いことかに関する数多くのテストは、どれもかなり似たような設定になっている。単一の民族グループが多数派を占めている文化（そしてその多数派集団が平均よりも良い教育を受け、より裕福であるような文化）では、研究者らは、おおむね教育水準が低く、おおむね貧しい民族グループが増えると、チームの平均的なパフォーマンスが下がるかどうかを調査する。このような「テスト」では、より悪い集団の結果が多様性の増大によるものなのか、それとも平均的なスキルレベルの低下のせいなのかがわからない。

第1章から第4章で見てきた調査はすべて、移民が国民の平均的特性を変えるだけで、どれほどその国を変えることができるかを示した。平均して低い技術史スコアの国が、平均して高い技術史スコアの国から数多くの移民を受け入れた場合、（「序」にある中国人移民の思考実験のように）、数十年のうちにその国はより良い技術、より高い所得、そして最終的にはより汚職の少ない政府を手に入れるようになると考えるのが妥当だろう。そしてこれらはすべて、この移民の波がその国の「技術史の多様性」を増大させたという事実にもかかわらず真実なのだ！

二つのまったく異なる民族グループ出身の労働者が働く会社を想像してみよう。民族的多様性（または文化的多様性や宗教的多様性）の増大が本当に集団の結果を良いものにするか悪いものにするかを確かめるために、各グループのメンバーが、自分と同じ民族グループのメンバーだけと仕事をしたときに、どのようなパフォーマンスを見せるかを調査し、その後、このパフォーマンスを、異なる民族グループのメンバーが一緒に仕事をした場合と比較してみる。この二つの同民族グループを対照群、すなわちプラセボ群として扱い、その後、これらを処置群、すなわち実験グループと比較する。

これがちょうど、ジョートのケニアのデータベースが彼にさせていることだ。ジョートは、全員がルオ族のチームがどれほど生産的か、全員がキクユ族のチームがどれほど生産的かを調べ、その後ルオ族とキクユ族のメンバーを合わせたときに、そのチームがどれほど生産的かを調べた。生産性は〔後者が〕むしろ上がったのだ。まったく同じ900人ほどの労働者がチーム間を移動するため、同じ労働者が同じ民族グループの誰かと一緒にいたときと他の民族グループの誰かと一緒にいたときとで、どのようなパフォーマンスの違いがあるかを確認することができる。

しかもジョートのエビデンスは明確である。全員ルオ族と全員キクユ族のチームは、ほぼ同じくらいのパフォーマンスだ。ルオ族の方がすぐれていたり、キクユ族の方がすぐれていたりすることはない。それぞれの民族グループは、自分と同じ民族グループのメンバーだけと一緒に仕事をしたとき、他のグループと同じくらいの生産性を示す。ところがルオ族とキクユ族の労働者がペアになって作業をすると、比較的平和なときでも生産高が約5％減少し、暴力的な対立が起きているときは約9％も減少する。

これは、民族的多様性がグループの生産高を高めるか、損なうか、またはあまり関係ないかを調査する際に、私たちが見たいと思うエビデンスである。つまり対照群と処置群の比較だ。多様性が増加すると、生産高のあらゆる変化は多様性が原因であり、単にそれに付随するだけではないと確信することができるということを私たちは知りたいのだ。これが以下のような、真に興味深く、しかも重要な疑問に答えるための扉を開く。

・民族的多様性が増大すること自体が悪いのだとしたら、それは、特定の民族グループが損害を引き起こしているからなのか、それともこの不幸は本当にチームワークのせいなのか？　ジョートの調査によると、彼が調査対象とした花卉工場ではチームワーク論が真であることを明確に示している。

・話を逆にすると、特定の民族グループに対する他民族の反応が問題を引き起こしているのか？　現代の人種差別に関する多くの説明は、民族の対立に関するこの特定の理論に重きを置いている。少数派に対する多数派の行動が中心的な焦点となっているのだ。

・民族的多様性の摩擦を克服し、その代価を取り除くための実践的で非ユートピア的な方法はあるか？　主流の社会科学から真の治療薬は得られるか、それともそれはすべて単なる代替医療なのか？

「多様性が豊富であるほど、それ自体、利点となる。以上」という純粋な経済理論から引いた一つの例から始めよう。これは実生活において非常に重要なケースで、多様性を機能させるための実践的な道筋を示している。深刻な不況下で、あなたの会社が新しい労働者を必要としていると想定してみよう。あまりに景気が悪いため、オファーすれば誰もがほぼ確実にその仕事を引き受ける。その中の最も優秀な人材が欲しいことは言うまでもない。だから、履歴書の（電子的な）山からその人を探し出すことに異存はない。求人を掲載することのできるウェブサイトは以下の二つだ。

Mediocreville：履歴書をアップロードした人全員がかなり平均に近い。
Diversityville：応募者の半分が平均よりもかなり上で、もう半分が平均よりもかなり下である。半分がスーパースターで、半分が等外者ということ。

どちらのウェブサイトを使って新規の労働者を探せば良いだろうか？

この先どうなるかはわかる。誰にオファーを出すかを決める前に応募書類を見ることができるのだから、Diversityvilleにサインアップして、平均以下の志願者をふるいにかけて落とし、スーパースターだけと面接をすれば良い。オファーを出す応募者を一人選ぼうとするとき、並の選手をふるいにかければ、重要なのは上位の人だけになる。そしてこれは、あなたが何時間もDiversityvilleを見て過ごし、平均以下に見える履歴書をすばやく削除し、平均以上の人に集中することができるということを意味する。

ここで得られる教訓は？　フィルターにかける力、ふるいにかけて落とす力が多様性の力を高めるということだ。

この通念は、すでに本書にも登場したノーベル賞受賞者であるトーマス・サージェントの教科書でよく知られる、ノーベル賞を受賞したジョセフ・スティグリッツが共著論文のなかで、もう一人のノーベル賞受賞者であるジョージ・スティグラーの研究に基づいて構築したものだ。[*6] 三人それぞれのノーベル経済学賞受賞者は、この一般的な分野（サーチ理論として知られている）で賞を受賞しており、[*7] 彼らの研究はすべて同じ方角を向いている。つまり、新規で追加の従業員を探すことが時間的にも金銭的にも、コストがかかる場合でも、より良い労働者が仕事の依頼を断る際に平均よりも選り好みをしない限り、応募書類の山により多くの多様性がある方が雇用主にとっては利点になるということだ。

これは「多様性」がなぜエリート層の間で票を稼ぎ、エリートがなぜしばしば、多様性に対する疑念を、明らかに不道徳ではないにせよ不可解なものとして扱うのかに関する理由の大部分を占める、と私は思う。エリートはふるいにかけたり、フィルターにかけたり、Ｙｅｌｐ（世界最大のローカルビジネス向けの口コミサイト）のレーティングや履歴書、統一試験のスコア、その他すべてをチェックしたりするような場にいる可能性が、平均の人よりもずっと高い。彼らは多様性の考えられる代価のほとんどをふるいにかけ、考えられる利点のほとんどを得ることができるのだ。

リストにたくさんの選択肢があり――好きなレストランもあれば、気分が乗らないレストランもある――、そのリストにあるいずれかのレストランで食事をするだけの余裕があるとしたら、多様なレストランリストから選べた方が良いではないか？　誰がそれに逆らうことができるだろう？　あなたには合わないかもしれない選択肢でも他の人には合うかもしれず、いずれにせよ、あなたが選ばない選択肢は、あなたには関係のない選択肢なのだ。

可能なすべての多様性の代価をふるいにかけられるだけ裕福であれば、残りはすべて、「私たちの多様性は私たちの強みである」ようなケースなのだ。

ビジネスにおいて多様性が問題になる場合

民族的多様性が強みであるならば、そして民族的多様性によって、グループがより多くの物事をより良く成し遂げることができるとしたら、または少なくとも、より時間をかけずに同じ仕事量を得ることができるとしたら、貪欲な資本主義者こそこのことを知るべきである。ビジネスは利益を得ることが大好きで、その利益は大きければ大きいほど良い。したがって、民族的多様性そのものが会社のイノベーションや協力の後押しとなり、収益性の他の部分を促進するとしたら、ビジネスがその利益の機会を最大限に利用することが期待できる。会社に利益を上げるための手段を講じさせるために、政府の命令やノルマや「雇用目標」を通す必要はない。会社は会社自身で、利益を上げるために必要なことは何でもするだろう。

では、「多様性を支持するビジネスケース」は存在するのか？　それは**多様性**が何を意味するかによる。そして忘れてはならないのは、物議を醸すようなトピックについては、特に学術研究においては、ずさんな表現や難解な表現、あいまいな専門用語に注意する必要がある。私の仲間の大学教授たちはたいてい、政治的に正しい立場を保つ努力をしており、私たちはしばしば政治的に正しい立場であり続けるために言葉の定義を捻じ曲げることがある。「スキルの多様性」、つまり、さまざまな人がそれぞれ異なるスキルセットを持つような作業チームを構築するのが当然であることが十分に立証されたのだ。数多くのリアリティショーのプロジェクトがこれに似ている。一週間で家のすべてをリフォームするには、配管工や電気工、そしてすぐれた設計センスを持つ人と、万全の準備をするマネージャーが必要だ。幸い、現代のビジネスタスクの多くがこうしたリアリティショーと多くの共通点を持つ。新しいコンピュータを設計しようとするとき（1981年の傑作『超マシン誕生』*8で語られている物語）、コーディングが得意な人、デバッギングが得意な人、コンピュータチップがオーバーヒートしないようにアセンブリボード上で十分に離れていることを確認するのが得意な人が必要になる。スキルの多様性はそれ自体、パフォーマンスを促進するということを示す数多くのエビデンスがある。

私はこれを「ファイヤーフライの多様性」と呼んでいる。これは人類を救うために協力する並外れたスキルを持つギャングを描いた、ジョス・ウェドン〔アメリカの作家・映画監督。カルト映画『ファイヤーフライ宇宙大戦争』の監督〕の短命ながらも卓越したテレビSF番組のタイトルからとったものだ。誰もが奇人変人である。パイロット、船長、高級娼婦、機械工、医師、そして（ウェドン作品なので）とりわけ武道が得意な、複雑な過去をもつ若い女性などが登場する。多くのアンサンブルキャスト映画で利用される手法だ。

初回で、並外れたスキルを持つ不良グループについて知る。

第2回で、不良たちがラスボスと闘うのではなく、互いに闘い始める。

第3回で、学びの瞬間が訪れ、すべての登場人物が協力してラスボスと闘う。

そしてもちろん、最初は味方同士で闘って最後にラスボスと闘うという、最初の二つの典型的なアベンジャーズ映画はウェドン自身が監督を務めた。ところが『スター・ウォーズ：新たなる希望』もこのパターンに当てはまる。この映画はレイア姫とルーク、ハンが口論をした後、みんなで協力してデス・スターに収容された無実の政治犯たちを助けるというものだ。多様性が力へと変わり、それぞれのヒーローが独自の特殊パワーを発揮して、最終的に悪役を打ち負かすのを見るのはとてもエキサイティングだ。しかし映画は現実ではない——そして現実世界では、力になりそうな多様性の種類は**数えるほど**しかない。スキルの多様性とは、チームに勝利をもたらすように見えるものの一種だ。早い段階で揉め事を丸く収め、勝利へと導く。

その他の種類の多様性についてはどうだろうか？　職場での多様性に関する最も有名な解説は、コロンビア大学のキャスリン・ウィリアムズとスタンフォード大学のチャールズ・オライリーが1998年に発表したものだろう。[*9] 彼らは年齢、性別、民族、**ファイヤーフライ**、在職期間（ある人がどれくらいの期間、会社に勤めたか）の多様性に目を向けた。職場における多様性の影響に関するこんにちの真剣な学術論争は、この論文から始まることが多い。ウィリアムズとオライリーはこの分野の40年にわたる研究（1950年代後半に遡る）を振り返り、以下のことを発見した。

圧倒的多数の経験的エビデンスは、多様性がグループ機能を阻害する可能性が最も高いことを示唆している。積極的にこれらの影響に対処する措置が取られない限り、多様性はそれ自体、グループのパフォーマンスに対してプラスの効果よりもマイナスの効果になりやすいことをエビデンスは示唆している。[*10]

この「措置が取られない限り」というくだりは、ビジネスが多様性を最終的な強みへと変えるために取ることのできる実践的で実行可能な措置などあるのかという疑問を抱かせる。または、こういうことだろうか。「措置が取られない限り、爆発する花火を手に持っているのはきわめて危険ではないか？」ウィリアムズとオライリーはこれに対して明確な回答を与えていない。その代わり、以下のような通常の、役立ち「そうな」、あいまいな提案がなされているだけだ。

組織的文化は（…）分裂よりも結束を促す（…）パワフルな方法になるかもしれない。[*11]
社会的分類化の潜在的悪影響を際立たせることにより（…）個々人に、差別の可能性を認識するよう促すことになるかもしれない。[*12]
これらの［多様性の］否定的効果を理解することは、多様性のより悪質な効果へのソリューションを提供することになるかもしれない。[*13]

気を引き締めて車のハンドルを握れば、交通事故でけがを負わずに済むかもしれないと思わせる。

おそらく、あなたが十分強ければの話だが。別のところで、彼らはそれを次のようにまとめている。

多様性はそれ自体、グループのパフォーマンスに対してプラスの効果よりもマイナスの効果になりやすいことをエビデンスは示唆している。グループ内に多様性を持たせるだけでは、そのグループがより良い意思決定をしたり、効果的に機能したりすることの保証にはならない。[*14]

そして同時に、彼らは先行研究で発見した多様性の成功の多くがファイヤーフライの多様性のケースだったことを指摘する。

多様性が利益をもたらすという主張を支持する文献の多くは、しばしば個性、能力、機能的背景といった個々の属性のばらつきをもとにしており、民族や性別といった帰属的な属性をもとにしているのではない。[*15]

2000年代初頭の別の論説でも、似たような、おそらくもっと楽観的だが明らかにあいまいな言葉を使ってこう結論付けられている。

人種民族多様性はパフォーマンスを高めるという、よくある主張を支持するエビデンスには限界がある。研究によると、そこには有意な関係性はないことがわかっている（…）人種民族多様性はパフォーマンスにマイナスの影響を与えると報告している研究もある。[16]

権威ある『アニュアル・レビュー』誌の2007年の論説は、職場におけるあらゆる形態の多様性に目を向け、同じく不完全な結論に至った。「多様性のプラス効果に関するエビデンスは、マイナス効果のエビデンスと同様、一貫性がない」。[17]

そしてコーネル大学のエリザベス・マニックスと、スタンフォード大学のマーガレット・ニールによる2005年の論文は、職場における全体的な多様性についてさらに強い立場をとっている。

圧倒的多数のエビデンスは、より悲観的な見方を支持する。つまり多様性は社会的分断を生み、それが今度は、そのグループのマイナスのパフォーマンスという結果を生み出す。なぜ多様性の現実は、その可能性よりも劣るのか？[18]

これはすばらしい疑問ではないだろうか？　彼らはさらに、四つの別々の研究を行った単一の論文を次のようにまとめている。「人種の多様性はチームのプロセスにマイナスの影響を及ぼす傾向があった」。[19]

2010年代になると、企業研究家らは、ついにこれを明確に述べることができるようになった。「研究や実践により、ビジネスにおける多様性の例は見つけにくいということがわかった」と。[20]　これらの言葉を記したチームはさらに、労働力の多様性（民族的多様性およびその他）に関する学術研究のもう一つの時代を総括している。彼らは世界中に出回っている研究から集めたデータを利用して、「多様性とパフォーマンスとの間には全体的な関係はない、または非常に小さなマイナス効果しかない」と報告した。[*21]

そして結局、オランダの大学教授チームは、民族的多様性そのものが他よりも少しだけ劣るチームのパフォーマンスの予測因子となることを示す過程で、学者らがこんにち、その問題についてどのように議論しているかを次のようにまとめた。「確かに、多様性は諸刃の剣だということが自明の理になっている」と。[*22]

この「多様性は諸刃の剣だ」というフレーズは、ビジネス研究の世界でも注目されており、グーグルで検索すればすぐにわかるとおり、今も幅広く利用されている。[*23] この比喩の選び方は秀逸だ。多様性を強みとして利用する方法はいくつかある（ファイヤーフライの多様性、すなわち本物のスキルの多様性には有利な点がたくさんある）が、その代価は同じく大きく、おそらくはそれを試そうとする人にとってはより危険なことだろう。大学教授らはいつもこのフレーズを使っている。選挙で選ばれた公職者もこのフレーズを使用することができるようになったとき、私たちは、多様性に関する公的な議論がこの学術的エビデンスの方向へ移行したことを知るだろう。

特に社会科学者は政治的にかなり左寄りであるため、[*24] これらの「諸刃の剣」の発見を積極的に報告しようとすることは、少なくとも良く研究されたビジネス界においては、「私たちの多様性は全体として、私たちの強みである」と主張するのは難しいということの力強い証になる。どんな影響も（おそらくネガティブな影響も）、さらに真剣な議論の出発点となるべきではない。つまり、「私たちの多様性は私たちの強みである」と訴えている人々を見るとき、あなたは再婚と文化的に同等のことを聞いているということだ。まさに経験に対する希望の勝利である。

最良のシナリオ：それほど良くない

会社が誰を雇用し、誰をクビにするかを選ぶときでさえ、民族的多様性をはじめとする多様性がリスキーな「諸刃の剣」であるならば、民族的多様性が大きければ大きいほど、市民権や永住権について語る際にリスクが大きくなるのではないかという懸念が生まれるはずだ。会社はどの応募者が多様性とうまくやっていけるかを決定し、異なる文化から来た同僚に順応するのに時間がかかりそうな応募者を無視することができる。もし大企業が――すぐれたチームプレイヤーを雇用し、できの悪いチームプレイヤーをクビにすることができるというのに――日常的に民族的多様性を強みに変えることができないのならば、市民権名簿に登録されている人で埋め尽くされているような国家、国にとって、どんな望みがあるだろうか？

だからこそ私は、仕事に関する民族的対立の研究を行ってきたのだ。それがチームの民族的多様性の最良のシナリオであり、この最良のシナリオは、全速力で逃げ出さなければならないような災害ではないことは言うまでもない。ケニアの花卉チームは、別のどこかで本格的な民族暴動が起きているようなときでさえも、たった数％生産性が落ちただけだったが、お勧めできるようなものは何もない。『ハーバード・ビジネス・レビュー』の最近の論説のタイトルがまさにそれだ。「多様性に真剣に取り組む：ビジネスケースではすでに十分なされている」[25]。

民族的多様性に対する企業側の需要

ちなみに、多様な従業員を雇用するもっともな理由を記しておくべきだろう。顧客が民族的に多様である場合、同じく民族的に多様な従業員を雇うのが得策だと広く考えられている。これは小売産業の分野において熱心に研究されてきた。そしてどうやら、ある会社の顧客と多くの共通点を持つメンバーが従業員や取締役会にいる方が良いようだ。顧客を知ることは、一部には、顧客をどのように満足させることができるかを知るということであり、顧客を知る一つの方法は、顧客の文化的背景を共有する従業員や取締役会のメンバーを数人抱えることである。これは、単純な常識が基本的には正しいという一つのケースである。

ところが注意してほしい。これは多様性に対する企業側の需要であり、多様な文化的背景を持つ人々を雇用する必要があるのは、会社の顧客が同じくらい多様な文化的背景を持っているからだという主張である。多様な顧客の**供給**は、多様な従業員に対する**需要**を生み出す。これは「私たちの多様性は私たちの強みである」という無条件の論証、つまり社内の民族的多様性が新しいアイデアを促進し、より多くのイノベーションを生み出し、一般に社風を改善するという論証ではない。むしろ、民族的多様性に対する企業側の需要とは、さまざまな理由で、韓国人の従業員は会社が韓国人の顧客とうまくやっていく手助けとなり、イタリア人の従業員は会社がイタリア人の顧客とつながるのを助け…といった要求なのである。

ところが、民族的多様性に対する企業側の需要は、会社が社内で多様性を必要とするのは国が外に多様性を持っているからだということを意味する。繰り返すが、これが常識というものだ。ところが、日本で販売を行う小売会社は、フランス語を話す従業員をそれほど必要としない。日本にはフランス語を話す人がそれほどいないからである。多様な顧客の供給が少ない日本では、多様な労働者に対する需要もかなり低い。

もちろん、小売業に見られるものと同じような多様な労働力への企業側の需要は、政府機関にも見られる。警察や消防、学校の先生や大学教授など、一般市民と交流のある機関にとっては特にそうだ。政府機関に、緊急支援を必要としている文化的に多様なクライアントや顧客、学生などがいる場合、政府職員がより効率的に仕事を行うことができるように、文化的に多様な労働力を雇用するもっともな理由がある。

ところが注意してほしい。これは多様性に対する〔サービスの〕供給側の需要だ。そして繰り返しになるが注意してほしいのは、この理由は、文化的に多様な社会を維持する多文化主義の実現は難しいという主張に基づいているということだ。多様性に対する〔サービスの〕供給側の需要には、単一の文化を持つ従業員に、高品質のサービスを他文化から来た顧客やクライアントに提供させることの障壁、摩擦、困難というものがあるということが（しばしば正しく）想定されている。多様性に対する〔サービスの〕供給側の需要は、成功するには多様性をうまく扱う必要があるという議論の上に構築されている。これは、「諸刃の剣」としての多様性のもう一つのバージョンである。

コンサルタントが多様性を支持する理由

多様性、特に民族的多様性が、多くの研究者が言うように、本当に諸刃の剣であるならば、なぜ多様性が明らかな強みであり、利益へと続く道であり、成功への道筋であるということを喜んで話す企業コンサルタントがこれほど多く存在するのだろうか？　もちろん、数多くの説明が可能だ。おそらくそれらは、ポジティブな部分を際立たせたいだけなのかもしれない。いや、もしかしたらそれは、より多くのコンサルティング料を生み出す一つの経路なのかもしれない。「コンサルタント1人当たりの請求可能時間当たり2000ドルという低価格で、多様性という諸刃の剣から片方の刃を取り除こう！」

ところがしばしば、企業コンサルティングの世界は、本章で取り上げたようなエビデンスに直接反対しているわけではない。本章で紹介したエビデンスはすべて、従来の従業員（最高経営責任者でもなければ、もちろん取締役会のメンバーでもない普通の労働者）に焦点を合わせたものだ。しかし企業コンサルティングの人々は企業の役員やトップランクのエグゼクティブに関して人口統計的多様性（より多くの女性、より多くの有色人種など）を拡大することについて話したがることが多い。そしてこのトップ層の人々には、少なくとも彼らなりの最近の歴史がある。より幅広い民族的多様性を持つ企業の取締役会は、平均よりも多くの利益を生む傾向があるというのは本当なのだ。それは、多様性が収益性を生んだということではない。活動家は、有色人種の代表を増やすことを強く求める際、最も収益性の高い企業に対して力を注ぐ可能性が高いからである。それは単純な逆の因果関係かもしれない。銀行強盗ウィリー・サットンが昔言ったことを知っているだろうか。彼はなぜ銀行強盗を犯したのか？　金がそこにあるからだ。収益性の低い会社の取締役会の席を強く求めても、ほとんど意味がない。しかし私は、それが物語のすべてだとは思わないし、もしかしたら物語とはまったく関係がないのかもしれない。これは、昔ながらの順方向の因果関係が物語の大半を占めているようなケースだと思う。多様性のある取締役会は、会社が最高の外部的視点を含む最高の人材を懸命に探していることの証なのだ。しかしまずは、コンサルティング会社大手のマッキンゼーが、トップ企業の仕事における企業利益と人口統計的多様性とのつながりについて何を語っているかを見てみよう。

相関関係は因果関係を実証するものではない。

マッキンゼーの調査は企業リーダーシップにおけるより大きなレベルの多様性と、「より高い」収益性のより大きな可能性との間の統計的に有意な相関関係——因果関係を主張することなく——を確立した。

そして再度、子どもにもわかるようにこう念を押した。

相関関係は因果関係ではない。因果関係はないが、多様性とパフォーマンスの間に、時間や地域を超えて持続する真の関係性が観察できる。*26

つまり私たちにあるのは、より多様な企業リーダーシップと、より大きな企業利益との間の相関関係、信頼できる歴史のパターンだけなのだ。このことは、多様性が利益をもたらしたことの証明にはならない（繰り返しになるが、その逆かもしれない）が、それは平社員の多様性とビジネスの成功との間に私たちが見てきた、はるかに強い、より信頼できるパターンなのだ。そしてこの物語の大部分は、企業リーダーシップがより多くの優秀な人材プールを獲得して利益を得ていることだと私は考える。企業のトップリーダーの仕事は常に、最高の中の最高から得られる。先駆的な大学教授や元上院議員や退役軍人が企業の役員を務めるのはよくあることであり、企業のトップの仕事はグローバルなエリートのさまざまな部分から引き出されている。このような環境では、審査基準は高く、考慮される人々のほとんどはすでに知られた存在である――彼らは友達の友達だったり、同僚の同僚だったりする。この種の大規模なスクリーニングが行われた採用プールは、ケニアの花卉加工工場やテキサスの中学校、フランスの自動車工場とはかけ離れている。

これまでのところ、これは、エリート企業の仕事を選ぶ際、人口統計的な多様性の拡大は少なくとも負担ではないし、摩擦の原因でもないと考える一つの理由だ。しかしそれ以上のことが言える。会社がトップの才能の多様なプールを探し求めているとしたら、より大きなプールの中から探そうとすることはほぼまちがいない。ある日本企業が日本人男性だけの中から取締役会のメンバーを探しているて、同じ業種の別の日本企業も同様に、日本語の話せる韓国人、台湾人、アメリカ人のエグゼクティブと共に有能な日本人女性も探している場合、後者の日本企業の方が採用プールは大きくなる。そして採用プールが大きければ大きいほど、その仕事に最も適した人材を探すチャンスも増える。おそらく、双方の場合でその仕事に適している人材は日本人の男性なのだろう。が、さらに先を見ることは賢明であり、慎重であり、利己的であり、健全な企業文化の証でもあるのだ。

しかし少なくとも2020年代、多様性のあるトップ企業チームほど、会社をより良くしていると考える別の理由がある。多様性のあるチームには企業の部外者がいる傾向が強い。そして企業ファイナンス調査から明らかに強固な結果が得られたとしたら、取締役会に部外者（これまでその会社で働いたことがなく、その会社で働いている誰とも関係のない人）が多い企業は、有能でないエグゼクティブを追い出すことを得意とする傾向があるということになる。内部者や、業績不振のCEOの友人や同僚であれば、彼に「もう一度チャンスを」与える理由はいつでも思いつくが、取締役会の部外者、つまりほとんど見ず知らずの人なら、業績不振のCEOを役職から降ろすことを厭わないだろう。

ノーベル賞を受賞したジャン・ティロールは、傑作とも言えるテキスト『企業ファイナンス理論』の中でこのことに言及しており[*27]、部外者、すなわち独立した視点を取締役会に取り入れるのはすばらしいアイデアだというのは、企業に関する研究全体のテーマでもある。もちろん行きすぎもある——会社をよく知る人を取締役会に入れたい場合もある。それは内部者やこの業種のエキスパートは価値ある存在になるだろうということを意味する。しかし、全体として見れば、新しいアイデアが世界で最も才能のある人たちによって提供される場合、その新しいアイデアを取り入れることが利益を生む可能性は高い。

企業リーダーのケースは、もう一つのことを思い出させてくれる。すなわち、エリート集団にいる場合、私たちの多様性が私たちの強みになる可能性はかなり高い。ところがその他の人々にとっては、それはまだ議論の余地があるのだ。

信頼できるのは誰か

ハーバード大学のロバート・パットナムは何十年もの間、信頼と社会的絆について研究している。最も有名な著書は『孤独なボウリング――米国コミュニティの崩壊と再生』（2000年に刊行された名作で、今でも読む価値がある）であり、この書で彼は、アメリカ人の社会的絆は何十年もかけてほころび続けてきたことを示している。[*28] 彼が示す典型的な例はボウリングゲームだ。アメリカ人はかつて、ボウリングリーグやボーイスカウト、ガールスカウトのような小規模な地域コミュニティ組織に所属し、エルクスとかフリーメイソンといった社交クラブに参加していたが、時を経るにつれ、こうした組織は衰退し、テレビや、今ではソーシャルメディアに取って代わられた。パットナムは正しい。人々は昔ほど近所の人と会わなくなったし、「地域コミュニティ」と私たちが呼ぶほぼ見知らぬ人たちから、以前よりも社会的に孤立している。それは人々が昔よりボウリングをしなくなったということではない。一人きりでボウリングをするようになったということだ。

後にパットナムは、第1章で論じたものと同じ調査尺度を利用して、社会的信頼を測定することに注力するようになった。彼が調べようとしたのは、より多くの信頼の予測因子になるものと、そうでないものとは何かということだ。そして、人が個人として他者を信頼できるかどうかの強い予測因子は、その人が民族的に多様な地域に住んでいるかどうかだということを発見した。地域の多様性が大きいほど信頼は薄くなる。これは衝撃的な結果、強烈な結果、そしてそれが統計的に目の錯覚と同等のものにすぎないかどうかを確認するために彼が慎重に調べた結果だった。*29

ところがその結果は、慎重な調査に耐えた。そしてそれは単に、ヤンキースが二軍選手を雇うことが平均的信頼を落とすといった類のことではない。確かに、概してアメリカ合衆国に住むヒスパニック系や黒人は白人よりも信頼されていない。これは広く知られている結果だが、多様性のある地域における信頼性の低さは、それを考慮に入れたとしてもやはり存在する。具体的に説明しよう。信頼性の高い民族グループと信頼性の低い民族グループが半々に混在している典型的な地域では、信頼レベルは、この二つの民族グループの全国の典型的な信頼レベルのちょうど中間にはならない。たいていそれよりも低くなる。これはキクユ族とルオ族の労働者が同じシフトに配属されたときに見られたものと似ている。彼らを一緒にすると、そうでない場合よりも、少なくともわずかに悪化するのだ。

パットナムは2007年の論文に、ざっくりと「多数の中から団結が生まれる」と翻訳することのできるラテン語の標語をもとに、次のようなアイロニックなタイトルをつけた。「多数から一つへ（*E Pluribus Unum*）：21世紀の多様性とコミュニティ」。このタイトルは発見というよりも希望に近い。アイビーリーグの卓越した社会科学者であるパットナムは、多様性とコミュニティが今世紀に共存することになるかどうか確信が持てなかった。

この論文はとてつもない反響を呼んだ。民族的多様性が大きいほど信頼を損なうかどうかという疑問はそれ以前も研究されていたが、パットナムはそれを前面に押し出した。2020年、コペンハーゲン大学とオーフス大学のチームが、多数の富裕国の87の研究をもとに、民族的多様性と信頼に関する1001の統計分析について調べた。そしてその結果を、権威ある雑誌『アニュアル・レビュー・オブ・ポリティカル・サイエンス』に発表した。著者らは、パットナムの結果は単にアメリカだけの話ではなく、グローバルな物語だということを発見した。

あらゆる研究において、民族的多様性と社会的信頼との間には負の関係が見られる。この関係は隣人への信頼に関して、また、より地域的文脈で研究した場合に強くなる。*30

したがって、信頼の明確な低下は、きわめて局所的な低下（隣人への信頼、地域への信頼）だが、それでもこの結果は、国レベルでも（より小さいながら）負に見える。多様性のある地域に住む人々は、隣人は著しく信頼性が低いと考える傾向があり、おそらくは仲間の市民のことも信頼性が低いと考えている。

著者らはパットナムと同じ種類の「では、こうだったらどうなのか」について調べているが、「では、それは多様性のある地域はより貧しいということなのか？　多様性のある地域は犯罪率や失業率が高いということなのか？　回答者自身の教育レベルが低いということなのか？」という疑問を投げかけるときでさえ、負の結果はやはりそこに存在する。こうした疑問は重要だが、それがすべてではない。地域のことをかなりよく知っていて、「あなたは隣人を信頼することができますか？」と尋ねられている当の本人のことをかなりよく知っていても、人は民族的に多様な地域に住んでいると、自分は隣人のことを信頼しないと答える可能性が高い。

ここでのメッセージははっきりしていて、ほとんど疑う余地のないものだ。すなわち、社会的信頼ということになると、民族的多様性が大きいことは弱みになる、ということだ。

紛争の民族的性質と政府の規模

ある尺度によれば、アメリカ史で最も激しい暴動は、黒人への大虐殺を行った1921年のタルサ人種虐殺である。東南アジアでは、反中暴動が過去数世紀におけるおぞましい定番となっており、中でも際立っているのが、1969年にマレーシアで起こり、数百人もの死者を出した「5・13事件」である。ヨーロッパでそれに当たるのはユダヤ人大虐殺だろう。これらは過去数世紀における恐ろしい民族虐殺のほんの数例にすぎない。

アリストテレスからマルクス、そしてそれ以降に至る思想家たちは、経済的・社会的階級はまちがいなく社会紛争の最も重要な原動力であると考えたが、トップの座を狙うもう一人のライバルがいる。経済学者フアン・エステバンとデブラジ・レイが2008年、『アメリカン・エコノミック・レビュー』に書いているように、「私たちがこんにち見ている、ほとんどとは言わないまでも多くの紛争は、民族的な性質のものである[*31]」。

しかし、なぜこれほど多くの紛争が民族紛争なのだろうか？　民族の分裂は、ほとんど不可避的にリスクを伴うものなのだろうか？　また別の経済学者のチームは、第1章のアプローチと本章のアプローチを融合したより賢いアプローチを採用している。クラウス・デズメット、イグナチオ・オルテユノ・オーテン、ロマン・ワチアーグは、「76ヵ国の調査データ」を使用して、「民族同一性は文化的価値の重要な予測因子だ」という発見に至った。[*32] 明らかなことを述べているように聞こえるが、彼らは簡単に見過ごされてしまうような微妙な点を強調している。民族同一性は概して文化的価値の予測に役立つが、**多様な価値観**を豊富に持つ国は**民族的多様性**があまりないという傾向があり、その逆もまたしかりだ。民族的多様性は豊富だが、文化的多様性はそれほどでもないという国もある。つまり、市民は、多くの多様な民族が混在する中でも、家族、神、仕事の役割についてはおおむね合意している。また、文化的多様性は豊富（宗教的多様性を考えてみよう）だが、民族的多様性はそれほど多くない国もある。したがって地球全体で見れば、民族的に多様な国は特に文化的には多様というわけではない。学術的用語を使えば、それらの国は特に文化的には**分断**されてはいない、すなわち、細かく細分されているわけではない、ということが言える。

　これは、「私たちはみな本当にうまくやっていくことができる」という大きな結論に向かって突き進んでいるように思えるかもしれないが、これがデズメットと彼の共著者らが目指していたことではない。彼らは経済学者なので、必要とあらば不快な真実を語ることも厭わない。彼らが発見したのは、民族的多様性と文化的多様性は通常はペアにはならないが、ペアとなったときには火薬庫にもなるということだ。

　しかしながら、民族性が文化の強い予測因子であるような国では（…）激しい対立が起こる可能性が高く、公共財の供給が低くなる傾向がある。[*33]

民族性と文化が共に動くとき、民族的に多様なグループが文化的問題について互いに意見を異にする場合に暴動が起こる可能性は高くなる。彼らが言及する第二の代償（公共財の供給の低下）とは、道路、公衆衛生システム、清潔な水、ゴミの収集といった、みなが一斉に使用するものへの支出が通常少なくなるということだ。自分が価値を置くものであろうとなかろうと、人々が喜んでそれらに税金を払おうとするのは、一部には、コミュニティ全体に対する仲間意識があるからだ。ところが悲しいことに、民族的緊張状態はそうしたコミュニティの感覚を鈍らせ、これらの共有されたプロジェクトへの財政支出に対する支援を縮小させる。

多様性と公共財の支出との間のこのつながりは、世界中で行われた調査で何度も報告されてきた。ウガンダの民族的多様性を研究するジョージタウン大学、ＵＣＬＡ、コロンビア大学、スタンフォード大学の研究者チームは最近、次のようにコメントした。「民族の異質性と公共財の提供不足との間の経験的つながりは、広く認められている」。[*34]

では、民族的多様性が大きいほど、政府の規模が縮小するということだろうか？　これこそが、小さな政府の活動家が望んできたことである。つまり、民族的多様性が大きいほど、政府への需要は全体的に減少し、国をより小さな政府へと押し進めることになる。これは全体像の一部かもしれないが、２０１１年に発表された『ジャーナル・オブ・エコノミック・サーベイ』の概説によると、多くの支出が、より整備された高速道路など、すべての民族が利用する共有材から、政治的に有利な民族グループを対象とした奨学金や政府の仕事にあてる資金など、よりプライベートな私的財へと移行している。

民族的多様性は公共財への公的支出から、私的財の公的供給へと移行しているように見える。後者は、特定の民族グループをターゲットにすることができるからだ。[*35]

しかしおそらく、政府の資金が道路に使われているか、政府の楽な仕事に使われているかということよりも重要なのは、人々が互いにうまくやっていて、互いに信頼し合い、暴力に訴えることなく紛争を解決できると感じているかどうかということだろう。民族的に多様な社会における公共財支出の減少は、問題そのものというよりも問題（社会的不信）の兆候なのかもしれない。

デズメットと共著者らは、民族的多様性がそれほど頻繁に社会紛争と関連しているのはなぜかに関する主な理由（民族的多様性は文化の違いによる影響を増幅するから）を見極める手助けをしてきた。文化的対立は十分リスクを伴うが、文化の世界観の違いが民族性の違いとほぼ一致する場合、そのリスクはさらに大きくなる。文化の違いはアメリカ合衆国やカナダやヨーロッパの異なる民族グループ間で、何世代にもわたって持続する傾向があることはこれまで見てきたが、そこには確実に文化的対立というリスクがある。そしてドクター・スース〔アメリカの絵本作家〕によるスニーチ〔絵本に登場する黄色い鳥のキャラクター〕の物語――お腹に星のマークがある鳥とない鳥がいて、マークのない鳥を差別する話――にもあるように、些細な民族的差異が自己強化にもなれば、他者の文化的暴挙の焦点にもなり得る。だから、本当の文化的相違も想像上の文化的相違もどちらも、民族的対立をより危険で、損害が大きく、より致命的なものにしている可能性があるのだ。これは乗数効果で、あちこちに否定的なリスクがある。民族的多様性に関する学術研究に深く入り込めば入り込むほど、民族的多様性は通常であれば強みになると言うことが難しくなる。

多様性がもたらす両義性

しかし少なくとも公的には、西ヨーロッパと北アメリカのエリートたちは、私たちの民族的多様性は私たちの強みであるという理論に全力を注いでいる。とはいえ調査によると、それは職場における諸刃の剣であり、近隣地域における信頼低下への後押しであり、国民にとっては社会的対立を増大させるものであることが示唆されている。確かに、民族的多様性の代価を軽減するように設計された計画や提案、トレーニングプログラムやソーシャルメディアのミームなどがあるが、現時点では、そうした治療は社会科学の駆虫薬《イベルメクチン》である。もしかしたら良いかもしれないし良くないかもしれないし無意味かもしれない。そして物事がうまくいかなかった場合、ＦＤＡが認証した民族的多様性の代価への救済処置はないのである。

今、これらの民族的多様性の代価について私たちが知っていることだけでも、医者《ドクター》（博士号《ドクター》を持っている偽医者）に助言をするよう促すには十分だ。民族的多様性にはなんらかのコストと、なんらかのリスクが伴う。圧倒されるほどのものではないが、無視するには大きすぎる。これはつまり、もし国民が民族的多様性の拡大を選ぼうとすれば、そのリスクを打ち消すような大きくて明白な利点がない限り、注意してそれをやるべきだということである。二つの重要な例を以下に示す。

・平均的な市民よりかなり多くの教育を受け、多くの職業スキルがあり、よりマーケティング志向の移民を歓迎する。国がその経路を辿れば、調整コストやさまざまな困難、そして民族的暴動の拡大といったリスクが出てくるだろう——しかし繁栄、人類の繁栄はそのために犠牲にする価値がある。これが「はじめに」で語られていた物語だ。

・母国で（おそらくは母国内の民族的対立のせいで）大きな暴力に苛まれてきた難民を受け入れる。人道的であるということはコストがかかることであり、しばしば真にリスクを伴うことでもある。しかし人道的であることは人間であるということをより良いものにしてくれる。そしてそれは大きくて明白な利点である。

東アジアの経済的成功（日本、韓国、おそらくは中国も入るかもしれない）は、低多様性の低移民政策をとってきた。そして富裕国の中には高い技能、高い民族的多様性というアプローチを取る国がたくさんある。たとえばシンガポールや旧香港（安らかに眠れ）、オーストラリア、ニュージーランド、カナダなどだ。次の数十年で、これら二つのアプローチが互いを比較することでどんな結果がもたらされるかがわかるだろう。しかしそれよりもはるかに重要なのは、私たちはこれらの国を、民族の多様性それ自体が強みであるという時代遅れで非科学的な常套句を中心に移民政策が構築された他の富裕国（アメリカ合衆国、フランス、イタリア、イギリスなど）と比べることもできるということだ。

第6章　I－7――イノベーションを支える国々

現在のところ、ほんのひと握りの富裕国が世界の新技術の創造のほとんどを牛耳っている。
――ヴォルフガング・ケラー
『ジャーナル・オブ・エコノミック・リテラチャー』2004年*1

ポール・ローマーは、観念はモノといかに異なるか、概念は物体といかに異なるかを示したことでノーベル経済学賞を受賞した。これは自明の「発見」、すなわち大学教授たちが車輪を再発明しただけ〔すでに発明されていることを知らずに同じ物を発明すること〕の例、常識はずれの学者たちが数学の専門用語を多用して常識を言い換えただけの例のように聞こえるかもしれない。

ところが注意してほしい。私は、ローマーが観念とモノが異なるということを示したとは言っていない。ローマーはそれらがいかに異なるかを示した、と言ったのだ。そしてこの違いの大きな部分は、良い観念《アイデア》（重力理論やビートルズの「ヘイ・ジュード」の歌詞など）は真似するのが簡単だが、良いモノは模倣するのに高くつくということだ。インターネットはおろか、安価な印刷機を手に入れたとたん、世界中の人々が世界最良のアイデアに簡単にアクセスすることができるようになる。ある国で発明されたすばらしいアイデアが、最終的には世界中でシェアされる。つまり、新しいアイデアの利益を享受するということになると、私たちはみな一緒、ということだ。ある国がアイデアを発見するのが上手になれば、それは通常、世界の利益になるが、アイデアの発見が苦手になれば、それは通常、世界の損失になる。*2

ある国のSATスコアとその倫理的・文化的多様性は、政府の汚職レベルから政府規制に対する態度、公共財の供給に至るまで、その国の政府の質を形成するということはすでに学んだ――そして良いアイデアは公共財の中で最もすばらしいものの一つであるということも。したがって、国のイノベーションが政府の質に部分的に依存しているとしたら（これから見ていくように、実際明らかに依存しているのだが）、すべての国の国民がSATスコアと、世界のイノベーション先進国における倫理的・文化的多様性に強い興味を示すだろう。

コロラド大学のヴォルフガング・ケラーの言うことはまさに正しい。そのような国はほんのひと握りしか存在しない――そしてこれから見ていくように、中でも七つの国が特にイノベーティブな国として際立っている。これらの国のグループをI-7と呼ぼう。特許を見ようと、研究開発費を見ようと、はたまた学術文献の数を見ようと、すぐれた新しいアイデアを見つけ出すことへの探求のほとんどは、世界約200ヵ国のうちのほんの数ヵ国でしか起こっていない。地球上には70億人を超える人間がいる——そして私たち一人ひとり、誰もがみな、I-7の研究室で行われている仕事に依拠しているのだ。いったいどの国が、これら世界的なイノベーションを支える科学的発見のアトラスなのかを見てみよう。

良いアイデアの源泉

まずは、どの国が最も多くの特許を取得しているかを見てみよう——つまり、どの国が最も多く政府登録簿に正式に登録される発明をしているかということだ。一つの重要な指数である「三極特許」指数は、世界で最も重要な三つの特許庁である欧州特許庁（欧州連合全体を統括）、日本国特許庁、米国特許商標庁のすべてに登録されている特許のみを含んでいる。2010年のトップ5の国は以下の通りだ——上位2国だけで世界の三極特許のほとんどを生み出しているのがわかる。

1. 日本　31％
2. アメリカ合衆国　28％
3. ドイツ　12％
4. フランス　5％
5. 韓国　4％*3

この大きな物語のもう一つの見方。28％のアメリカ合衆国と、29％の欧州連合全体を合わせると、三極特許の世界総数の半分以上を生み出している――そこに日本を加えると88％だ。

特許はイノベーティブな活動を考察する一つの方法にすぎない。もう一つの見方は、その国が新しいアイデア、新しい手法、新しい製品の研究開発にどれくらい費やしているか、その総額を見ることだ。これらの尺度はそれ自体の欠点がある。たとえば、税額控除を受ける資格を得るために、企業に研究開発の数を増やすことを奨励する税法が規定されている国もある。ところがこれから見ていくように、これらイノベーティブ活動のそれぞれ異なる尺度（特許、研究開発費、その後の学術雑誌への発表論文の数）はすべて、最終的には同じ物語を語っていることになる。そしてまったく異なる手法がほとんど同じ物語を語っているとき、それは私たちが正しい道を歩んでいる証拠となる。以下に2009年度の研究開発への最大支出国トップ5を示す。単位は1人当たりではなく1国全体の額である。[*4]

1．アメリカ合衆国　3700億ドル
2．日本　1400億ドル
3．中国　1100億ドル
4．ドイツ　700億ドル
5．韓国　400億ドル

OECD（富裕国と中間所得層から成る38ヵ国の集団）のこの年の総研究開発費は9000億ドルで、中国を加えると約1兆ドルになる。ほぼすべての研究開発はOECDか中国のいずれかで発生しているため、アメリカ合衆国と日本は世界の研究開発総数の約半分を占め、世界トップ5で世界総数の3分の2以上を占めていることになる。参考までに、フランスとイギリスは僅差で韓国に次ぎ、台湾も研究開発の主力である。これまでのところ、世界最大のアイデアメーカーは、国のSATスコアのうちTスコアが高いという傾向がある。

そして、科学的に価値のある新しいアイデアの最後の尺度「ネイチャー・インデックス」によると、2018年に主要学術雑誌において最も発表論文数の多かったトップ5ヵ国は以下の通り[*5]。

1. アメリカ合衆国
2. 中国
3. ドイツ
4. イギリス
5. 日本

これらの国（すべてのトップ5リストにある国）は、アイデアを生み出す希少な宝であり、これらの国に住んでいようといまいと、私たち全員が価値をおくべきである。では、アイデアを生み出すこれらの国の何が他の国と違うのだろうか？　このトップ5リスト（三極特許、研究開発費、学術論文）にある国はすべて、少なくとも二つの重要な特性を共有している。

第一に、どの国も人口がかなり多い。韓国は最も少なく5200万人。イギリスとフランスはそれぞれ7000万人を少し下回る程度。中国とアメリカ合衆国は群を抜いて多く、それぞれ14億人、3億3000万人である。これと対照的に、地球の中央値の国は人口900万人程度で、人口が100万人を切る十数ヵ国を省いたとしても、中央値の国の人口は1100万人程度である。

第二に、これらのイノベーション先進国はすべて、移民調整後の高いTスコアと、コミン、イースタリー、ゴンの技術史指数における1500年の高スコアを保持している。（もちろん、移民調整なしでは、アメリカ合衆国の技術史スコアはかなり低いが、その他の国は多少変わる。ほとんどの国のTスコアは移民によって少しだけ変動する。）

この二つのうち、Tのレベルはイノベーションのより強い予測因子である。世界で人口が最も多い10ヵ国のうち、中国とアメリカ合衆国だけが前述のイノベーション先進国リストのいずれかに登場している一方で、トップ10のその他の国——

インド（14億人）
インドネシア（2億7000万人）
パキスタン（2億2000万人）
ブラジル（2億1000万人）

ナイジェリア（2億人）
バングラデシュ（1億6000万人）
ロシア（1億5000万人）
メキシコ（1億3000万人）

は、これらのイノベーション先進国リストのトップ付近には登場していない。とはいえ、ブラジルとロシアはグローバルイノベーションを競うオリンピックの銅メダルという栄誉ある賞に値する。したがって、世界で最も価値あるアイデアのほとんどは、人口が多く、すぐれた技術を駆使した先祖の経験が豊富な地域から来ているということだ。

これは驚くべき事実である。世界には約200の国があるが、そのうちの半ダースほどの国が科学と技術の分野における新しい価値あるアイデアの大半を発明しているのだ。これらイノベーション先進国のすべてが、その他のほとんどの国よりも人口が多いというのは驚くに値しない。偉大な科学者が文字通り100万人に1人いたら、市民が100万人増えるごとに、そのアイデアで全世界を方向付けることのできる偉大な科学者が1人増えるということだ。そして1億人の人口を有する国には、人口100万人の国の100倍もの偉大なアイデアが存在するということになる。この事実は、国別のノーベル賞受賞者リストにも表れている。国民1人当たりのノーベル賞受賞者リストは、ノーベル賞受賞者総数リストと大きく異なるように見える。

自然科学系のノーベル賞だけを見てみよう（ここにはもちろん経済学賞も含まれる）。

自然科学系ノーベル賞受賞者総数

1. アメリカ合衆国（350）
2. イギリス（109）
3. ドイツ（93）
4. フランス（39）
5. スイス（25）

国民1人当たりのノーベル賞受賞者数

1. セントルシア（人口180万人中受賞者1人）
2. ルクセンブルク（人口590万人中受賞者2人）
3. スイス
4. オーストリア
5. デンマーク

そして日本は24のノーベル賞を受賞し、左列の6位につけている。人口わずか900万人のスイスは、どちらのリストにも登場している——世界はスイスに恩義があるということだ。ところが原則として、人口が少なかったら世界を揺るがすようなアイデアのトップクリエーターになるのは難しい。

たくさんの金《ゴールド》を探したかったら、金をうまく探すことができる人をたくさん確保しなければならないからだ。

しかしT指数（1500年の技術史）が重要なのはなぜか？ そう、ここには、物事は変われば変わるほど変わらないという明らかな物語があり、ある国の先祖が1500年の技術に馴染みやすい傾向があったとしたら、その国は現在も技術分野で成功する確率が高い。ところが、これではその理由をうまく捉えていない。過去から現在へと続く原因と結果のつながりを説明していないからだ。

第4章ですでに紹介した経済学者のジェイムズ・アンが示したように、技術史は国の制度の質、すなわちその政府の質を測る強力な予測因子である。中国を例外として、アイデアを生み出すトップの国はいずれも、すべての制度の品質リストで好成績を収めている――汚職率が低く、広範な市場を擁し、まともな法制度を有する。さらに注目したいのが、中国は、典型的な制度品質尺度では世界ランキングの中位にすぎないが、その分、人口規模が大きく、健闘している。その人口はアメリカ合衆国の約4倍、韓国の6倍だ。しかしそれでも、中国はアイデアの創造においては少しムラがある。

したがって、1人当たりに換算すると、中国は世界の研究開発費のトップ25％を占めるにとどまり、総数で見ても、三極特許で良い結果をまったく出していない。大きく、グローバルで、市場性のあるアイデアということになると、制度の質がほぼまちがいなく中国の足枷になっており、この国はそれを量で補っている。中国は過去30年の間に政府の質が大きく向上したが、人口のほとんどが中国人で構成される世界の他の国（台湾やシンガポール、そして限定的な意味ではマカオや香港など）に追いつくには長い道のりがあった。

善き統治は特許を増やすか？

しかし善き統治の制度がイノベーションを推進すると仮定するのはやめよう。これを数学的定理のように正確に立証しようとするのではなく、少なくとも善良な統治が善良なアイデアを生み出す手助けをするという現実世界のエビデンスがあるかどうかを調べることにしたい。私たちはすでにディープルーツスコア（SATやその他）が非常に長い目で見た場合、政府の質における変化の原因になり得るという特性を捉え、政治的に重要な態度が相当数移動し、それが何世代にもわたって持続し、ほぼ確実に政府の方針を形成していることも見てきた。今、目を向けるべきことは、統治制度の変化、ゲームのルールの変化が、イノベーションや研究開発、特許にとって重要かどうかということである。

そしてここにはエビデンスがたくさんある。2013年、ブライアント大学のエディナルド・テバルディとニューハンプシャー大学のブルース・エルムズリーという二人の経済学者が、この問題に対する最初のすばらしい見方となるシンプルでクリーンなテストを行った。[*6] 彼らは最もシンプルな質問（制度が強固な国ほど特許取得数が多いか）に答えることから始めた。彼らは三つの尺度を使用した。そのうちの二つはすでに本書でも紹介したもので、世界銀行が作った「法の支配」尺度（「行為者が社会の規則を信頼し、守る度合いと（…）犯罪や暴力の発生可能性」）[*7]、と、彼らが制度の「品質指数」と呼んでいる指数のブレンドである。第三の尺度は「収用のリスク」尺度（統治体または統治体と良好な関係をもつ人物が人々の物を奪取する可能性）で、民間団体の「ポリティカル・リスク・サービス」が作ったものだ。彼らは二つの特許尺度も利用している。「米国特許商標庁指数」（大きなアイデアを思いついたら、アメリカ人がすぐにこれを模倣しないように、アメリカ合衆国で特許を取りたいと思うのが一般的だ）、および世界銀行の特許尺度は、「それぞれの国の特許庁からその住民に与えられるもの」で、真にグローバルな尺度である。ここではアメリカ合衆国の尺度に焦点を合わせるが、どちらもほぼ同じ物語を語っている。著者らが強調しているように、アメリカ合衆国の尺度は非住民に与えられた特許（アメリカ合衆国以外の国で生まれた発明で、その発明者がアメリカ市場で自分のアイデアの特許を取ることを望んでいるようなもの）の数しかカウントしていない。[*8]

制度の質の尺度と特許総数（1人当たりの特許数ではない）との関係は、たとえば若い成人男性の身長と体重の関係と同じくらい強い。背が高い男性の方が、普通、背の低い男性よりも体重が重いが、大きな例外がある。通常の基準では、これはかなり強い関係である。国家間の制度の差異により、アメリカ合衆国における出願特許件数の国別の差異の約70%が予測できる。[*9]

したがって制度が良ければ良いほど多くの特許が予測される――これまで見てきたランキングを考えれば当然のことである。しかしテバルディとエルムズリーはさらに先を行き、その関係が発生するのは、単に良い制度がある国にはより多くの研究者がいて、そこではより多くの本が出版されているからなのか、という疑問を提起している。もしかしたら、制度の質は「すばらしい」けれど、それほど重要ではないのかもしれない。彼らは数多くの統計的検定を行ってその理論を調査した。すると、良い制度はすばらしいが重要ではないという理論が毎回、検定に不合格になった。制度は重要だということがわかったのだ。そしてそれらは高いレベルの特許を予測するのに非常に重要であることもわかった。ある国に関する他の多くのこと（研究者の数、そこで書かれた本の数、その国が海岸からどれほど離れているか、平均気温、その国の成人の人口密度がどれくらいかなど）について知っていたとしても、制度の尺度はそれでもやはり重要なのである。そして予測される変化は膨大だ。政府の品質指数の最下位から最上位まで移動すると、1年当たりの特許数が約１００倍増加することが予測できる。そして世界銀行の制度品質スケールの5段階評価で1単位変化するごとに、特許が5倍強増加することが予測できる。

これらの数はあまりに大きくて、にわかには信じられないが、世界のほとんどの国では、特許取得も正式な研究開発もほとんど行われていないことを思い出させるものである。平均的な年において、約50ヵ国がアメリカ合衆国政府に特許を一件も出願していない。特許出願におけるこれらの格差は、貧困国と富裕国間ですでに生じている1人当たり所得の20倍から30倍という膨大な格差よりもはるかに大きい。そしてアメリカ合衆国は毎年研究開発に1兆ドルの3分の1以上を支出している一方で、ほとんどの国は支出金額があまりに少なすぎて測定する価値もないほどなのである。研究開発費が年間数１００万ドルと査定している国は数多く存在し、これはアメリカ合衆国のレベルの10万分の1程度である。無限大とも言える差だ。

ところがこれら一回限りの国家間比較《クロスカントリー》は興味深く、大変すばらしい第一歩である一方で、真の実験にはほど遠い。テバルディとエルムズリーは、海岸線や本の数が特許の予測因子として政府の質を凌駕することができるかどうかを調査したが、結局はある国ともう一つの国を比較していることに変わりはない。ここで何が望まれているかと言えば、その国とその国自体との比較であり、その国のある要素（政府の質）を変化させ、それによって国のイノベーションの変化がどのように予測されるかを確認することなのだ。このアプローチによって私たちは、制御された真の科学的実験に近付けるだろう。

幸い、経済学者らにはこの比較に近付く模範的な方法がある。異なる時代のまさに同じ国を見て、測定された政府の質が変化した後、イノベーティブな活動に何が起こったかを調べるのだ。ケーススタディはその一つのバージョンである。たとえば、中国のイノベーションは、1980年代以降、この国がより市場フレンドリーに成長したときにどのように変わったか？（ネタばらし：中国はより多くの特許を取得し始め、より多くの研究開発を行った。）しかし、ある国とその国自体との同じような比較テストを、地球全体で一度に、同時に実行するのは簡単である。私たちはそれを「固定効果パネル回帰」と呼んでおり（この用語は期末テストには出ないのでご心配なく）、オーストラリアのモナシュ大学の経済学者コン・ワンは、まさにこのようなテストを2013年に行っている。[*10]

ワンはまず、テバルディとエルムズリーとほとんど同じテストを行った。世界銀行のガバナンス指標が国の研究開発レベルと1人当たりの特許取得件数を予測するのに役立つかどうかを調べたところ、実際、その国について他の事実をほとんど知らなかったとしても、予測できることがわかった。これらは通常のタイムスライス法による国家間比較《クロスカントリー》である——しかし彼はさらに、もう一つの論文とは異なるテストを行った。たとえば、制度の質に関する複数の尺度のテストだ。すでに見た世界銀行の尺度、制度に関する国のリスクガイド（ICRG）尺度（ときに国がその負債を返済する可能性が高いかどうかを評価するのに使用される政府の質に関する民間部門指数）、そして広く使用されている民主主義のポリティの尺度を試した。この民主主義のポリティ尺度は、部分的には、政府が法律に縛られない個人的なリーダーの支配というよりも、人治によらない法の支配下で行動しているかどうかを測る尺度である。そしてワンがこのテストをどのように実行しても、制度の質はイノベーションのすぐれた予測因子となる。エルムズリーとテバルディの結果はまぐれ当たりではなく、今や私たちは特許のみならず、研究開発費についても同様の結果が得られることを知っている。

ところがその後、ワンは新しいテストに移行する。ある国をその国自体と比較したらどうなるか？固定効果パネル回帰を使用して、以下のようなことを教えてくれるオプション、真のオプションを、コンピュータに与えるとどうなるだろうか？

実際、ある国の政府の質が数年間で上昇または下降したとき、それは研究開発または特許において経時的変化を何一つ予測しない。これらの政府の質指数における短期的・中期的変化からは、現実世界において重要なことは何も予測できない。もちろん研究開発費もしかりである。1年ごと、または10年ごとに変動する政府の質指数に一喜一憂するのはやめよう！

ワンはこのことだけを彼に知らせる機会をコンピュータに与える。そしてワンがこれらのより強力なテスト、つまり長年にわたって制度の質が変化としたときに、それぞれの国をその国自体と比較する「固定効果パネル」テストを行うと、政府の質が向上すれば、やはりイノベーションが進むことが予測されるのだ。

彼はまた、この結果が、長年にわたって変化する他の要因によって決まるものではないことも確認する。たとえば、その国の貿易開放度、財政的洗練レベル、教育レベルなどの要因だ。したがって、ある国に関するこれらのことがわかっていたとしても、政府の質はやはり研究開発の熱心さ〔強度〕を予測する。制度と研究開発との関係は強い一方で、他のテストでは弱まっていく。ところがまたしても、ワンは今年の政府の質と今年の研究開発強度の間の関係を見ようとする。今年の研究開発強度が政府の質に関する過去および今後の動向の両方に左右される可能性はかなり高い。大きな研究開発投資を生み出すビジネスにとっては、数年にわたる安定性と善き統治であることが重要だ。つまり持続性が重視されるのだ。そしてワンは実際、他のいくつかのテストにおいて、研究開発に関する制度の長期的影響は1年間の影響よりも大きいというエビデンスを発見している。

繰り返しになるが、ワンは自身の結果が研究開発強度の複数の尺度の間、制度の質の複数の尺度の間でも持続することを示している。彼は制度の質における変化によっていかに、次に占める割合の変化が予測できるかを調査する。

研究開発に携わる科学者と技術者の、国の総労働力に占める割合
経済全体に占める研究開発費の割合、および国の総労働人口で割った特許総数

これはある統計と別の統計が異なる物語を語っているようなケースではない。ワンの結果は、テバルディとエルムズリーの結果と合わせて、政府の質そのものが高いレベルのイノベーションを引き起

こすことを強く立証している。つまり、高度なイノベーションと平凡な制度の質とが合わさった中国の例は、この規則の珍しい例外ということだ。それは、シートベルトを着用しなかったにもかかわらず、悲惨な事故を逃れることができた人を国に喩えたものに匹敵する。賢明な国は、規則の例外を中心に自国の政策の選択肢を構築するようなことはしない。規則を中心に政策の選択肢を構築するのだ。ワンは自身の所見を以下のようにまとめている。そして著者の特権を利用して、自分は単なる相関関係や予測だけでなく、本当に因果関係を証明していると語る。

第一に、制度は研究開発に直接的な影響を与える。この関係は、宗教、法源、地理、人的資本、貿易と研究開発に関する財政的発展への開放度といった影響を考慮した後に強固なものとなる。ICRG、〔世界銀行〕や他の政体が測定したさまざまな種類の政治的制度の質はすべて、研究開発費、人員およびアウトプット（特許）への〔制度の〕強い影響を示していた。*11

善き統治から高度なイノベーションへと流れるこの関係（概して真であるが、すべてのケースではない）は、かなり不動のものになっているように見える。したがって、国がその政府の質を損なうような方法で変化したとき、それはいつかイノベーションを害することになる。では、高度なイノベーションが――アイデアが発明された国だけでなく全世界において――いかに生産性と所得を高めるか、ある国のイノベーションがいかに世界の利益となるかを見ていきたい。

良いアイデアの拡散

海外で行われた研究は国内の研究の特許数の約3分の2である。アメリカ合衆国と日本を合わせると、この両国はわれわれのサンプルに含まれる各国の成長の少なくとも3分の2の原動力となっている。

——ジョナサン・イートン&サミュエル・コルトゥム
『インターナショナル・エコノミック・レビュー』１９９９年[*12]

１９９０年代、ボストン大学の二人の経済学者（ジョナサン・イートンとサミュエル・コルトゥム）は、新しいハイテクの概念や慣習がいかに速く、いかに広く、ある国から別の国に普及するかを調べ、これらの新しいアイデアがどのように、これを使用し始めた国の経済を成長させるかを調べようとした。彼らが出した重要な結論が、右記に引用した箇所である。そこで、ある国のハイテク研究は他の国々の経済のどれほどを形成するかという疑問に対する一つの答え（影響力があり、よく引用される答え）から始めたい。彼らがこの結論に達するために使用したツールのいくつかを調査し、彼らの見方が数十年の間、どのように維持されてきたかを見ていこう。

イートンとコルトゥムが使用したある方法とは、実際のビジネスの調査である。彼らはペンシルベニア大学（ベン・フランクリンが創設した学校）の経済学者エドウィン・マンスフィールドと、コネチカット大学のアンソニー・ロメオによる影響力のある１９８０年の研究結果について報告している。[*13]

そして、アメリカ系の多国籍企業（アメリカ合衆国に本社があるが、多数の国に支店を持つ企業）のトップエグゼクティブにインタビューをし、次のような質問をした。「新しい技術があなたの会社のアメリカ支店で成功していることがわかったら、その技術が富裕国にあるあなたの会社の海外支店に広まるのに、通常どれくらいかかるか？」

彼らは31社の製造会社にインタビューをした。そのうちの26社はアメリカ合衆国で500位内に入る。この26社は「基本的に無作為に」選ばれ、そこには「化学、薬品、石油、電気機器および電子機器、機械、楽器、ガラス、食品、ゴムなど広範な種類の産業」が含まれていた。*14

彼らはエグゼクティブたちの言葉を全面的に信じてインタビューを行ったわけではなかった。「会社の社内記録は、各技術が最初にアメリカ合衆国に導入された年を決定するために使用した」。*15

あるアイデアが子会社に普及するまで、平均して何年かかったか？　約6年だ。すばらしいアイデアが、自社の海外支店だけに広まるにしては時間がかかりすぎる！　そしてそれは、海外支店が富裕国にある場合にかかる時間だった。同社のリーダーらは、海外支店が発展途上国にあったとしたら、平均して10年はかかると語った。今では加速しているかもしれないが、それでも大企業の1支店でしか使わず、良いアイデアをテーブルの上に放置しておくには長い期間だった。それは、変化が明らかに改善であるようなときでさえ、変化は難しいということの証である。そしてアイデアが同じ会社の内部で移動するのに平均して6年かかるとしたら、良いアイデアが会社間で十分に普及するにはもっと長い年月がかかるのは当然だ。同じ調査では、二つの別個の企業がライセンシングやジョイントベンチャーを通じてアイデアを共有する計画を立てるときでさえ、そのアイデアがある会社から別の会社に受け渡されるのに、平均して13年かかることを示している。それは1世代の半分もの期間だ。

マンスフィールドとロメオはさらに一歩先に進み、70社のイギリスの大企業に対して、アメリカ合衆国の企業が発明した技術をどれくらい素早く、またどれくらいの頻度で採用するかを尋ねた。イギリスの企業の20％が、アメリカ合衆国の新しい技術は新しいアイデアの重要な源だと答えた――アメリカが単に世界で最も革新的な経済体の一つにすぎないと考えれば、ものすごい確率だ。この割合は「電子機器（電気とコンピュータを含む）の分野でより高くなっていて、他に比べて一般エンジニアリング産業で高くなっている」[*16]。最良のアイデアは数多く借用されるのだ。

何が重要か

余談：これらのイギリスの企業は、アメリカ合衆国で発明された新しい技術が自分たちにとって「重要」かどうかをどのように決めるのかと、当然ながら思う人がいるかもしれない。マンスフィールドとロメオも同じ疑問を抱いた。彼らはインタビューやアンケートに答えてくれた人々に定義を強要せず、この質問をオープンエンドのままにした。ところがその後のフォローアップで、彼らは大企業における意思決定について非常に興味深いことを学んだ。彼らはある大きな物語を脚注に埋め込んだ。

最初、これらの企業は、それぞれが適切だと考える「重要」の定義はどんなものでも使用することが許可されていた。その後、各企業はこの用語が何を意味するかを特定するよう求められた。それらの返答に基づくと、彼らは一般に、利益を1％以上上げるような利点についてはどんなものも重要だとみなしているようだった。（…）使用される定義について、企業間で大きく異なることを示すエビデンスはない。[*17]

イギリス最大の製造会社ユニリーバを考えてみよう。この会社はリプトン、ダブ、ヘルマンズといった多くの良く知られたブランドを所有している。2019年、この会社の利益（純利益）は60億ユーロだった。したがって、年間6000万ユーロの利益を生み出すものであればどんなものでも重要ということになり、それ以下のものは……まあ失礼な言い方をすると「あまり重要ではない」ということになる。しかし時間と経営陣の注意が不足していたら、ユニリーバはおそらくそれを見過ごしてしまうだろう。

良いアイデアはどのように普及するか

マンスフィールドとロメオはさらにアメリカ合衆国の企業に対して、海外の競合会社がアメリカ合衆国の技術を十分に理解した上で競合製品を生み出すまでに、どれだけの時間がかかると思うかと尋ねた。彼らの答えはさまざま（6ヵ月以内から6年以上まで）だったが、平均的な答えは4年だった。アメリカ人のエグゼクティブらは、外国の競合会社はさまざまな方法を使って必要な情報を集めていると考えた。

技術が「流出する」頻度が最も高い経路はリバースエンジニアリングだった（…）つまり、非アメリカ競合会社は新しい製品や改良された製品を分解して分析することで、関連する技術への洞察を得ようとしていたということだ。また、特許が提供する情報は、重要な役割を担うと判断された。そして非アメリカ企業はときに、［貴重な技術をもつアメリカ企業の］人材を引き抜くことで、その技術へのアクセスを得ていた。[*18]

機械を分解し、特許を読み、エキスパートを雇用する——すぐれたアイデアが他の国々へ普及する方法は一つではない。産業スパイも、大なり小なりこの物語の一部だ。たとえば、第5章で述べた1970年代のコンピュータ技術革新に関する定評あるジャーナリスティックな物語、『超マシン誕生』で、トレイシー・キダーは、小さな企業のコンピュータ技術者は、なんらかのコネクションを利用してその競合会社のミニコンピュータを購入した会社を秘密裏に訪ねると語った。そしてこの秘密の訪問で、技術者は何時間もかけて競合会社の製品の真髄を吟味し、その設計のインスピレーションを得ようとしたのだ、と。[*19]

偉大なハイテクのアイデアを模倣し、見習い、それを足場とする方法を学ぶのは骨の折れる仕事であるのは確かだ——通常は数年かかる。私は、楽曲の歌詞をコピーするのも、重力の法則をコピーするのも自由だと軽快に言い放って本章を始めたが、実生活において、コピーするということはお金がかかることなのだ。一部には、偉大なアイデアを持つ会社は通常、これらのアイデアを（特許、企業秘密、秘密保持契約などを通じて）他の企業が使用できないようにするからだが、また一部には、模倣することそのものがすごく難しいからでもある。ほとんどのNBA選手は喜んで、できるものならレブロン・ジェイムズのようにうまくなろうとするが、それは誰にもできない。そしてそれは、ジェイムズがバスケットボールのコートでどんなプレイをするか（ビデオ再生にせよ、スローモーションにせよ）誰もが正確に見ることができるとしても、また彼の主要なライバルたち（他のNBA選手）のほとんどが実際に彼と対戦したことがあっても、だ！

その分野で最も有名な人やものを模倣できるとしたら、そしてその他大勢の人が、少なくとも世界でベストなもののように振る舞うことができるとしたら、スポーツの模倣も、芸術の模倣も、音楽の模倣も、上質なワインの模倣でさえ――これらすべてのケースで、そこには莫大な金が動き、獲得される名声がある。そしてそれでも、こうした潜在的な模倣者が成功することはめったにない。ベストを尽くしても10％とか30％しか成功せず、少額の富を手に入れるだけかもしれないが、そうした成功でさえもが稀なのだ。そして最終的な製品が目や耳、鼻や口で知覚できるときに、模倣が稀にしか成功しないとしたら、ビジネスプロセス、すぐれた企業文化、またスマホの充電が6時間ではなく8時間持続するようにする正しい方法を模倣することに何の希望があるだろうか？

ジェネリック薬品を考えてみよう。セントルイスにあるワシントン大学の経済学者ミケーレ・ボルドリンとデヴィッド・レヴァインは、かつて１９９０年代、インド政府が製薬会社に世界中の薬品のコピーを承認したとき、典型的なインドの製薬会社がオリジナルの薬の有益なコピーを思いつくのに4年の年月を要したことに言及している。[*20] しかもそれはすでに他国で特許が取得されている薬だ。しかも特許には薬物の完全な化学的説明が必要であるため、それはこれらの企業が目の前にすでにあるレシピをコピーするのに数年かかるということを意味する。

ゆるやかな拡散：みなが（最終的に）享受できるアイデアを生み出す

すぐれたアイデアが一つの会社から別の会社に緩やかに拡散することを示すエビデンスは、アンケートやインタビュー、ケーススタディをもとにした基礎的なもので、それらはみな同じ物語、価値あるアイデアがある国から別の国へゆっくりと普及する物語を語っている。**ゆるやかも拡散**もどちらもここでは重要で、そのそれぞれがイノベーションに関するポール・ローマーのメッセージの一部を捉えている。「拡散」によって私たちは、良いアイデアは最終的に模倣され、したがって世界的に見ても貴重であるということを思い出す。「ゆるやか」とは、そもそもアイデアが発明される大きな理由の一部である。競合会社がすぐさま良いアイデアを模倣したとしたら、発明をするインセンティブはあまりないだろう

ゆるやかな拡散とは、発明者はたいてい、模倣者がその発明を安価で幅広く利用できるようにする前に、お金を稼ぐことができるということを意味する。アップルは1983年にリサで、1984年にマッキントッシュで、独自のマウス操作によるグラフィックのユーザーインターフェイスを所有していた。マイクロソフトが素朴なWindowsバージョン1・0を1985年にリリースしたが、Windowsはバージョン3・0が1990年に登場するまでヒットしなかった。アップルはしばらくの間、市場を独占できると思っていたに違いない。少なくともMacを大衆的成功に導いた巨大な研究開発の取り組みを十分に正当化できるほどの期間は。特許取得済みの薬品は最終的にジェネリ

ックになる。アメリカの車は最終的に、20年前の日本車と同じくらい信頼できるものになる。「情報は自由になりたがっている」と言ったスチュアート・ブランドは正しかったが、「常に欲しいものが手に入るわけではない」〔邦題「無情の世界」〕と言ったローリング・ストーンズも正しかった。そしてあるアイデアが発明されてから、そのアイデアが（少なくとも専門家にとっての）一般知識になるまでの期間に、イノベーションの誘因が構築されるのだ。

クオンツは拡散を測定する

カリフォルニア大学バークレー校の経済学名誉教授ブロンウィン・ホールは、研究開発の原因と結果の両方に関する調査を長い間率いてきた。２０１０年、彼女はある企業の研究開発がどのように他の企業、他の業界、他の国へ普及するかについて、自身と他の研究者による数十年来の調査を振り返った論文を共同執筆した。彼女はこうした研究開発の有益な波及効果の規模について、次のようにまとめている。「一般的に、それらの数値はかなり大きいが、かなり不正確に見積もられていることがわかった」[*21]。

これは実社会の経済にはよくあることだ。木星の古い望遠鏡画像のように、あいまいで、ノイズの多い推定値がたくさんある。ホールはＩＭＦのデヴィッド・コーとハーバード大学のエルハナン・ヘルプマンによる１９９５年の古典的な論文を引用している。これは当時の最良のデータを使用している。Ｇ７の国々や、人口が多く生産性の高い国のグループ（カナダ、アメリカ合衆国、イタリア、日本、ドイツ、フランス、イギリス）の研究開発費のデータだ。ホールは自分たちの所見を次のようにまとめている。G7の国々の研究開発の利益のおよそ4分の1が貿易相手国に生じている、と。[*22]

そしてここでも、生産的なアイデアは他の国々に拡散する。有名な論文なので、数十年の間に、さまざまな理論的・統計的批判を幾度も浴びてきた。前述のイートンとコルトゥムによる「3分の2の威力」という結果のように、もっと大きく国際的に拡散された研究もあれば、ほんの小さな効果しかない、もしくはまったく効果のない研究もある。ところがホールは多くの結果を見て、すぐれた経済学的思考を自身の結論に生かした。研究開発にほとんどお金を使っていない国では、ビジネスはおそらく他国の仕事を利用している、と彼女は結論付ける。研究開発費が少額の国ほど、吸収可能な知識の規模が大きいため、海外の研究開発から得るものが比較的多いのだ。[*23]

したがって、人口が500万人程度のデンマークは、おそらく他のどこよりもドイツ（人口8300万人）からのアイデアをより多く利用しているだろう。このように、小さな国は大きな国を利用する。これにより、どの国も、ほんの少数の国で生み出された発明にほとんど依存していることを改めて思い知らされる。

I-7の統治を改善する

全世界は、最良の制度を持つ最大の国々が新境地を開拓したときに何かを得る。そして私たちはみな、それらの国がそうしなかったときに何かを失う。つまり、全世界は以下に挙げる世界の七大イノベーション先進国統治、すなわち制度の質と利害関係があるということだ。

中国
フランス
ドイツ
日本
韓国
イギリス
アメリカ合衆国

そしてSATスコア、移植された文化的特性、なんらかの形の多様性が、国の制度の質を形成しているように見えることから、それは全世界がこれら七つのイノベーション先進国、私たちの世界のI-7にすでに存在するSATスコア、移植された文化的特性、そしてなんらかの形の多様性と利害関係があるということを意味する。これらの国のいずれかが、その政府の質に少しでも打撃を与えれば、10年か20年のうちに、それはおそらく、すばらしい新アイデアの世界的なストックに大きな打撃を与えることになるだろう。そしてI-7の1国が凡庸に傾いたとき、その遅れを取り戻すために待機しているような国は、人口が多く、うまく統治され、強固な技術史を持つ国の中には一つも存在しないのだ。中国とアメリカ合衆国を除けば、世界の多人口国に、韓国、日本、ドイツのようなレベルのイノベーションを期待することはできない。それはまるで、映画が始まって90分で、科学の停滞という超悪玉と戦うことのできる唯一のヒーローがI-7がしかいないような状況だ。

地球上のあらゆる国の市民は、これら七つの国の統治を改善することに「関心を持つ」だけではいけない。これら七つの国は世界のイノベーションの大部分を作り上げているのだから、単なる関心以上のものが求められる。必要なのはむしろ、強迫観念なのだ。

第7章 華人ディアスポラ――資本主義への道

華人ディアスポラには（…）潜在的に経済的成長を促す、ある種のユニークな文化的特徴がある。

――ヤン・プリーブ&ロバート・ルドルフ『ワールド・ディベロップメント』2015年*1

ヨーロッパと異なり、中国は暗黒時代を一度も経験していない。人口、寿命、繁栄、文化、いずれにおいても、何世紀にもわたるスランプに陥ったことがない。とはいえ、中国にはかつて、なんとも恐ろしい世紀があった。それは19世紀後半の清朝最後の数十年から、内戦の恐怖、日本による侵略、大躍進の自業自得とも言える飢餓、そして文化大革命のカオスまで続いた。中国の大苦難の最も新しい波は、中国共産党指導者の毛沢東によって先導された。毛沢東は、自身が「走資派」（走資本主義道路的当権派の略〕と呼ぶ集団内の敵と戦うことにエネルギーの大半を費やした。走資派とは、偉大なる共産主義者を装いながらも、秘密裏に市場競争、自由企業、利益と損失と効率性を極度に重視した経済システムを推し進めていた人々だ。

多くの人は、毛沢東はベッドの下に資本主義を探し、夢や悪夢の中に市場主義者の化け物を見るパラノイアだと考えていた。もちろん、当然のことながら、中国共産党内部の心ある党員の中で、〔前述のような〕極秘共産主義者になれるような人はいなかった——その考え自体が馬鹿げていた！　言うまでもなく、革命は真の共産主義を信じる人々で構成されていたのだ！

１９７０年代、毛沢東最後の数年間、中国共産党はこれら走資派とされる人の中で最もすぐれた者の一人を名指しで辱めた。実際、彼は「ナンバー2の走資派」と名付けられ、党のリーダーらは、彼は「中国的特徴を持つ共産主義」の輝かしい運命を秘密裏にもみ消そうとしている、と語った。明らかにこれは純粋なパラノイアだった。上院議員ジョー・マッカーシー[†]への批判を真似して、こうした非道な非難をする人々に対し、「ついに良識というものを失ったか？」と言う人がいたかもしれない。

その後、毛沢東はこの世を去り、数年のうちに新しい指導者が権力を握り、その新しい指導者が中国を、不完全ながらも資本主義の道へと急速に導いた。この指導者の名前はもうお分かりだろう。中国ナンバー2の走資派、鄧小平だ。

教訓は二つ。

1．パラノイアだからといってまちがっているわけではない。

2．共産党独裁の恐るべき抑圧をもってしても、中国をその資本主義の運命から遠ざけることはできない。

台湾・シンガポール・マカオ・香港のディープルーツ

そしてすでに見てきたように、中国以外で、国民の大半が中華系の国はどれも、資本主義色が濃く、市場志向性が強く、繁栄している。たとえば、台湾、シンガポール、マカオ、香港などだ（香港は残念ながら、もはや個別の国とは言えないにしても）。中国は、中国人が大多数を占める世界で最も貧しい国だ——が、驚くべきペースで追いつこうとしている。中国共産党の大きな過ちを払拭するには、当然長い年月がかかる。最終的に台湾に追いやられた側が、中国の内戦に勝てなかったのは残念だ。国民党が勝っていれば、中国はその大きな過ちに何十年もの歳月を無駄にすることはなかっただろう。もっと早く市場フレンドリーになっていたことはまちがいないし、国民は今頃、もっとずっと裕福で健康で快適な暮らしをしていただろう。

台湾、シンガポール、マカオ、香港——これら中国人が大半を占める四つの国は、中国の繁栄のディープルーツ、1500年以降の中国の高SATスコア、中国のすぐれた統治と有能な官僚制度、中

† 米ウィスコンシン州で1947年から1952年まで共和党の上院議員を務め、共産主義者とその同調者に対する取り締まり、いわゆる「赤狩り」を推進した。

国の儒教文化の遺産といったものを複数の大陸へ移植しているように見える。中国系移民は明朝の遺産を、偉大な明の皇帝の手の届かない国々へもたらした。シンガポールは2500キロ離れているし、明朝時代の台湾はオランダ植民地としての時代の一部を経験していたし、香港とマカオは人口が少ない漁業の街で、今では主に他国からの移住者や本土中国からの難民の子孫が住んでいる。中国の偉大な遺産は、中国系移民とともにこれらの土地へ移動してきたのだ。

これら四つのネオ・チャイナ（北アメリカとオーストララシアを含む「ネオ・ヨーロッパ」と並列に使用できる言葉）は、今や世界有数の富裕国である。すべての国が1人当たりの最富裕国の上位10％以内に入っており、オーストラリアやカナダ、フランスよりも1人当たり平均所得が高い。そしていずれも、その繁栄をもたらしたのは天然資源のおかげではない。これらの国の最良の地理的特徴は、海洋へのアクセスが非常に良いということだ。香港を除いたすべてが島国である。香港はほとんどの国土が島の集まりだが、完全に島国ではない。ところが、この四つの国が持つ地理的特徴が自らを苦しめてもいる。シンガポールは基本的に赤道直下にあり、他の国々も赤道にかなり近い。四つの国の中で一番北にある台湾は、フロリダ州キーウェストやサウジアラビアのリヤド、サハラ西部地域にあるゲルタ・ゼムールという小さなオアシスの街と同じく、緯度25度のところにある。

赤道に近い国は、理由は不明ながらも、貧しい国が多いということはこれまで見てきたとおりだ。しかし赤道付近の過酷な暑さと湿度は、これら四つの、ほとんど中国人が占める国々の足枷にはなっていない。したがってそれらの国にとって、地理的な問題はほとんどない。どの国も内陸に近くはないが、いずれも熱帯地方にある。地理的な国家繁栄論は良く知られているが、それらは中国の流れを汲む繁栄を説明する役割は果たしていない。

ところが文化移植理論はその役割を担う。そしてそれは、これら四つの分派だけではない。何世紀もの間、中国からの移民は東南アジアのあらゆる国に移動し、どこの国に行っても、圧倒的な数ではないにしてもかなりの数を占める中国系移民は、イエール大学のエイミー・チュアが適切に名付けた「市場を支配するマイノリティ」になった。[*2] タイ、マレーシア、インドネシア、フィリピン――中国の人々は、たいていはまた自国に戻るつもりでこれらの国に移動した。ところが結局、ある程度の中国文化の慣習を保持し、中国語を維持したままではあったが、それらの国に留まった。実際、こうした国々のほとんどにおいて、また学術研究においても、たとえその先祖が何世紀も前に中国から到着したとしても、いまだに中国からの移民を「中国系移民」の子孫と呼ぶのが標準的な慣習となっている。そして概して、第一、第二、第三世代の中国系移民は結果的に、移住先の国に元々住んでいた人たちよりも金持ちになり、より繁栄し、より良い教育を受けることになった。

なぜ中国系移民は他と比べてそれほどまでに成功したのか？　香港を拠点とする作家リン・パンは、そのすばらしい、高評価を得た著書『華人の歴史』の中で、この文化的永続性理論を実証した。彼女は次のように書いている。

「これらの中国系移民が」生まれたこの帝国は、文明化と商業的発展において東南アジアの社会に先立ち、富と洗練という点で他の国々を大きく凌いだ。[*3]

そしてこれら中国系移民は実質を伴った程度まで、中国の卓越性のディープルーツを新しい母国へもたらした。本章では、このケーススタディのアプローチ（東南アジアの国々に焦点を合わせたアプローチ）が、経済学者が好む統計的アプローチと同じ物語を語ることになることを示していきたい。東南アジアの経済的繁栄ということになると、物事は変われば変わるほど変わらない――ただし、移民を調整する限りにおいて。

華人ディアスポラの始まり

19世紀に中国の清王朝が衰退するにつれて、中国系移民は多くの国に移動し、民族的マイノリティとして生活を始め、そこで生涯を終えた。注目に値するのは、特にマレーシア、タイ、インドネシア、フィリピンという四つの国だ。この4国すべてについて、1500年からの純中国系移民の割合に関するパッターマンとワイルの推定値を表7・1にまとめる。比較として、1990年の中国系人口の割合についても、広く使用されている別の推定値[*4]を、2019年の1人当たり所得と共に報告する。

パッターマンとワイルの推定値は、他の中国系民族の推定値と若干異なる。民族性は流動的で、かなりの程度まで主観的であるため、これは驚くに値しない。そして特にパッターマンとワイルのフィリピンの推定値がゼロであるのは、1500年以前にフィリピンにはすでに多くの中国人貿易商がいたからだ。ところが、純中国系移民と現在の中国の人口の両方が同じ順位になっている。

そして注意したいのが、人口に占める中国人の割合と1人当たり所得の順位が、少なくともこれら

	1500年以降の純中国系移民（パッターマン／ワイル）	1980年の中国人の子孫の人口（ラウチ）	2019年の1人当たり所得
マレーシア	25%	33%	30,000ドル
タイ	14%	10%	19,000ドル
インドネシア	2%	4%	12,000ドル
フィリピン	0%	2%	9,000ドル

表7.1　東南アジアにおける中国人の先祖と2019年の1人当たり所得を示す2つの主要な尺度

出所：Putterman and Weil (2010); Rauch and Trindade (2002)

四つのかなり多くの研究がなされている国については、完全に一致しているということだ。過去に中国系移民が多ければ多いほど、現在繁栄しているということである。これら4国以外の東南アジアの国（これらの国については後ほど考察する）をさらに含めたとしても、この両者の関係は、完全に一致するランキングにはならないまでも、全体としてはほぼ保たれている。これを東南アジア全体でどのように見ようとも、人口に占める中国人の割合と現在の繁栄との間には強い関係がある――特に大部分が中国人で構成される台湾、香港、マカオ、シンガポールが、それぞれ1人当たり年間最低5万5000ドルの所得を有していることに注目したときにそのことが言える。

これまでの章、特に第1章で、すでにこの関係の多くがまさに因果関係であると考えられる適切な理由を提示してきた。つまり、人々が母国から新しい国へ主要な文化的特性をもたらし、これらの特性の多くが何世代にもわたって持続してビジネスと統治を形成し、移民調整後の過去がプロローグになるということだ。地図をちょっと見るだけで、もっと多くのことがわかる。それは、地理的に恵まれているということだけでは、マレーシアがなぜ、フィリピンよりも生産性の高いインドネシアより生産性が高く、インドネシアよりも生産性の高いタイより生産性が高いかを説明することができないことを思い起こさせてくれる。地理的なことを言えば、赤道にかなり近く、海洋へのアクセスが良いということで、どこも似たようなカードが配られている。実際、フィリピンのマニラ湾はこの地域で最良の天然港の一つで、最高の湾とも言われている！　それでもフィリピンはこのグループの中では最も貧しい国なのだ。

植民地化の可能性

とはいえ、結論を導き出す前に、まずは慎重に調べた方が良いだろう。現在の繁栄が、誰が植民地化したかによって左右されるとしたらどうだろうか？　これは調べてみる価値がある。フィリピンは1900年頃にアメリカ合衆国が占領するまでの数世紀間、スペインの植民地で、スペイン人の元植民地は他の同じような国々よりも経済的に弱い傾向があった。タイは常に、名目上、そしてほとんど事実上、独立国のままだったので、この国は脇に置いておこう。インドネシアはオランダの植民地で、マレーシアはポルトガルからオランダ、そしてイギリスの植民地へと変わった。オランダは植民地が少なすぎて一般化することはできなかったが、少なくとも、世界中のパターンに基づけば、イギリスの植民地であることは、掛け値なく経済的にプラスだったというエビデンスはある。

したがっておそらく、上位からマレーシア、インドネシア、フィリピンという順位は、植民地化したのは誰か、なんらかの遺産を残したかもしれないのは誰か、ある種の経済的成功もしくは失敗のディープルーツを植え付けたのは誰かということに帰すると考えることができるだろう。おそらくそれは、市場や汚職に対する態度、何世紀にもわたって持続している子どもの教育の重視といった、植民者の特殊な官僚的文化だったのだろう。これから見ていく東南アジアの他の国々がこのシンプルな物語を弱めるとしても、このことは考えるに値する。結局のところ、植民地の遺産の最も重要な部分は、移住を決意し、そこに定住し、移住先の国の経済を大きく変えようとした中国系移民を引き付けることが得意な人が、植民者の中にいたということなのかもしれない。

ディアスポラをめぐる経済学以外の研究

東南アジアの学術研究が描かれる歴史は、しばしば少数の中国系移民とその子孫がこの地域で果たした大きな経済的役割と格闘している。ミルトン・オズボーン博士による先進的な大学の教科書の第20版、『東南アジアの歴史』にはこう書かれている。

東南アジア全体の状況は大まかに統一された特徴がある（…）小さな移民コミュニティは、ほとんどの場合、東南アジア人自体に敬遠されているような商業に従事していた。これらの移民コミュニティの中で、中国人は圧倒的に重要だった。*5

この商業的な卓越性はどこにでも表れ、それは巨大だった。アメリカ空軍アカデミーの政治学者ポール・J・ボルトは次のように書いている。

１９４２年以前、海外の中国人はタイの精米施設の80～90％を所有していた。１９３２年以前、中国人はフィリピンの小売業の70～80％を支配し、１９４８年には、この国の商業資産の20％以上を所有していた（…）『エコノミスト』は、１９９５年後半時点で（…）中国人はこの地域の小売業の３分の２を支配していた[*6]［と述べている］。

そしてシンガポール国立大学のヘンリー・ウェイチョン・ヨンは、中国系移民の極端に長期的な経済的成功の性質について言及している。

数世紀以上の間（…）中国人起業家、貿易商、親密なネットワークでつながる金融業者、その家族や友人といった多様な人々が、後に「母国」と彼らが考えるようになるまさにそのホスト国（移住先の国）の経済的領域を支配するようになった[*7]。

表７・２は、ボルトの『中国と東南アジアの華人』からのデータと共に、「市場支配的マイノリティ」というチュアの言葉が控えめな表現ではないことを示している。国民の約３分の１が中国人であるマレーシアでは、民間部門の企業はほぼ中国系移民が所有しているが、持ち株比率は思ったほど高くないのがわかる。これらの数字を抑える傾向にある一つの政策が、マレーシア政府によるマレーシア先住民族のための、経済に関する体系的な積極的格差是正措置である。１９９０年代のある研究は、このプログラムが当時どれほどの規模だったかを説明している。

	1980年の中国人の子孫の人口	中国系移民が所有するビジネスが生んだGDPのシェア	中国系移民が所有する上場企業のシェア
マレーシア	33%	60%	60%
タイ	10%	50%	81%
インドネシア	4%	50%	73%
フィリピン	2%	40%	50%

表7.2　東南アジアの国々に住む中国系市民のビジネスにおける成功
出所：Rauch and Trindade (2002); Bolt (2000)

［マレーシアの国家経済方針は］マレー人の産業的・商業的試みへの参入に関して、株や資本、貸付資金調達、教育および研修を提供することによって動機を与え、支援を行った。その目的は、ブミプトラ［マレー民族と他の先住民族を指す物議を醸す用語］の企業資産を、1970年の2・4%から1990年には30%に引き上げることだった。[*8]

政府は30%という目標は達成できなかったが、マレー民族の富を企業部門で約20%引き上げることにはなんとか成功した。その理由の一部は、「国家信託の成長、採鉱およびサービス部門におけるブミプトラの利益の保護によるものだった[*9]」。

マレーシアはこのように、巨大なさまざまな種類の積極的格差是正措置を所有し、それらは今も民間部門と公的部門の両方で、さまざまな形で存在している。たとえば米国国務省は、マレーシアの投資環境に関する2018年の論文で次のような指摘をしている。

アメリカ系企業の何人かの知人からの報告によると、政府は従業員の民族バランスを監視し、ある分野における雇用について、民族クォータ制を実施している。雇用や昇進における人種に基づく優遇措置は政府や政府所有の大学、政府とつながりのある企業に幅広く普及している。[*10]

こうした種類のプログラムは、マレー民族と他の先住民族に大きな利益をもたらしてきた。それは、このようなプログラムがなければ、マレーシア経済における中国人の役割はもっと大きなものになっていただろうということを思い起こさせる。

そしてそれは、中国系移民を東南アジア全体で際立たせるような、単なるあいまいな「商業的成功」ではない。それは、数多くの報告書にもある通り、質素倹約の問題でもあるのだ。リン・パンは次のように述べている。

華僑のもう一つの特徴である極端なまでの倹約ぶりについては、数えきれないほど指摘され、満足を先送りにすることにかけては、中国人が非常にすぐれていたことは確かだ（…）彼らは偉大な節約家だった。[*11]

この事実は国をまたいで表れている。中国の高い貯蓄率については長年議論されており、シンガポール、台湾、香港はいずれも平均以上の貯蓄率を誇っている。ところがこれは、移民について研究するときにも表れる。第1章で述べたイギリスにおける移民の節約術の研究によると、中国系移民の第三世代は、他の国からの移民と比べて節約する傾向がはるかに高いことがわかった。確かに例外はたくさんあるが、東南アジア全域の中国系移民は平均して、どの国に住んでいるかにかかわらず、民間部門において不釣り合いなほどの節約家であると同時に、不釣り合いなほどの建設家でもあったということは明らかだ。

中国系移民の反発と同化

中国系移民の経済的成功は、妬みという繰り返される人間の罪と相まって、何世紀にもわたる中国恐怖症、反中感情、迫害を育んできた。もちろん、成功そのものが中国恐怖症の背景にある唯一の重要な要因ではない。これまで見てきたように、民族間の対立は人類の永遠の課題なのである。しかし経済的成功は世界中の経済的成功への羨望を駆り立てるため、東南アジアもこの普遍的な人類の法則の例外ではないはずだ。

マレーシアとインドネシアは、大衆自身が中国系移民を最も敵対視してきた国で、いずれの国も第二次世界大戦後、反中暴動で死者を出してきた。歴史的に最も重要なのは、1969年5月13日にマレーシアで起こった事件と、1990年代後半のアジアの財政危機の期間中に起こったインドネシアの反中暴動だろう。どちらの事件も残忍で広範で多くの死者を出した。フィリピンでは、スペイン人の植民者がフィリピン先住民以上に中国系移民を敵視し、マレーシアやインドネシアと比べると、中国系フィリピン人はフィリピン文化への同化率が高い。タイは幸運にも、過去50年間に反中暴動を断固として回避し、結婚による同化がきわめて一般的だ。民族的多様性に関する国民の経験は多様なのである。

市場を創造するマイノリティ

東南アジア全体で、ほとんどが中国系移民で構成されている国々は（中国人の市民にとっても非中国人の市民にとっても同様に）全体として最も繁栄してきた。概して、マレーシアに住むマレー民族はフィリピンに住むフィリピン民族よりもはるかに裕福で、タイ民族とインドネシア民族はその中間に位置する。少なくとも相関関係の問題、歴史的パターンの問題として、中国系移民がたくさんいる東南アジアの国に住んでいるということはすばらしいことである。数が多ければ多いほど良いのだ。

ところが、このうちのどれほどが因果関係の問題なのだろうか？　社会科学研究の常として、真の実験というものは存在しない。しかし統計的手法はリンゴとリンゴを比較し、こう問いかけるのに役立つだろう。「見た目は似ているけれど、片方の国の方が中国人移民がはるかに多い二つの国を見た場合、中国系移民が多い経済の方が速く発展するか？」

ドイツにあるゲッティンゲン大学の経済学者ヤン・プリーブと、ソウルの高麗大学のロバート・ルドルフは、まさにこの疑問を提起しようとした。彼らの論文のタイトルは「華人ディアスポラは移住先の国の成長を加速させるか？」というものだ。この疑問は重要である。「われわれは、華僑が人口に占める割合が多い国ほど成長が速いかどうかを検討する」[*12]。

リンゴをリンゴと比較した後――似たような地理や初等教育の水準などを持つ国々を見ることによって何がわかるか？　「ある国の華僑の初期［数］には、その後の成長と正の関係がある」[*13]。

こうして彼らは、本書で先ほど非公式に見たのと同じパターンを確認しようとする。ところが経済学者というのはなんらかの関係が存在する理由を求めているため、彼らは一歩先に進んで、中国系移民が大勢いる経済がその他の経済とどのように異なるかを調査した。

華僑の存在は、ある国の国際貿易への参加、［機械、設備、工場のより速い成長］、生産性（…）の向上に貢献し、その結果、成長が促進される。*14

東南アジア研究を行う多くの研究者と同様、著者らは文化的差異のエビデンスも利用している。

華僑は家族の経済的成功を比較的強く強調する特徴があるとする学者もいる。たとえば長い労働時間、質素倹約、ダイナミックな家族経営ビジネス、そして次世代の教育の重視といったことだ。これらの文化的特性が社会全体にその足跡を残すほど大きなものであれば、国の経済に影響を与える可能性がある。*15

では、華僑は一国の経済にとってどれほど重要に見えるだろうか？　プリーブとルドルフは1970年から2010年までの国家間比較《クロスカントリー》データを使用して、1国の人口に占める中国人の割合が10％増えると、その国は毎年0・7％成長が速くなることが予測されることを発見した。複利計算であるため、それは、人口の10％が中国人の先祖を持つ国は、中国人の先祖がゼロである似たような国と比べて、10年間で10％裕福になるということを意味する。そして文字通り解釈すれば（文字通りには受け取らないでほしいのだが）、中国そのものが、中国系移民のいない似たような国（同じ教育水準、同じ移民の割合、同じ人口密度、同じ地理の国）よりも、年間7％速く成長するはずだということになる。

それは、世界銀行によると、毛沢東の死から2010年まで、中国の1人当たり所得が年間約8・5％上昇したということを認識しない限り、非現実的に高い数値のように聞こえるかもしれない。特にそれほど長期にわたって、この高い割合を占めているのは驚くべきことである。同時期の典型的な国の平均所得は年間2％の成長（年間6・5％のギャップがある）で、中国の経験はプリーブとルドルフの研究から予測できるものとそれほどかけ離れてはいない。

彼らがこれほど強いつながりを見つけたのは、その統計分析にたいてい中国そのものが含まれているからではないかという疑問を抱く人がいるかもしれない。しかし含まれていないのだ。著者らは意図的に中国、台湾、香港、マカオを除外した。これは、147ヵ国のデータを含む中国に関する研究だが、中国人が大半を占める国は1ヵ国しか含まれていないため、そうした国々が結果を歪めることはない。

資本主義への道を構築する

中国系移民がもたらす文化的特性は、移住先の国の統治を形成するだろうか？　今度はリバタリアン系のケイトー・インスティチュート[*16]が発行している世界経済自由度指数に目を向け、人口に占める

	1980年の中国人の子孫	1500年の移民調整後の技術指数	2018年の経済自由度、ケイトー
フィリピン	2%	0.58	7.4
インドネシア	4%	0.66	7.4
タイ	10%	0.77	6.8
マレーシア	33%	0.76	7.6
シンガポール	77%	0.84	8.7
香港	98%	0.88	8.9

表7.3　東南アジア全域における中国人の先祖、技術史、経済自由度

出所：Rauch and Trindade (2002); Comin, Easterly, and Gong (2010); Gwartney et al. (2018)

中国人の割合と移民調整後の技術指数の両方を考慮に入れてみよう（表7・3参照）。タイを除いて、第4章で見たパターンが維持されている。つまり、技術において卓越した先祖を持つことが現代の市場フレンドリーな経済の強い予測因子になるということだ。そして、タイは実際、フィリピンやインドネシア（経済自由度のスコアが低い）よりもずっと豊かであることを思い出すだろう。したがってこれは、プディングの証拠はドルにあるのであって、経済自由度のレーティングにあるのではないというケースなのかもしれない†。

また、大多数が中国人から成る香港とシンガポールは、ほぼ常に、市場促進政策のクロスカントリー指数の上位にあり、これもまた、毛沢東が恐れた資本主義への道が中国本土をはるかに超えて拡大していることを示すものだ。

一方、マレーシアの場合を考えてみよう。比較的市場フレン

† この部分は"The proof of the pudding is in the eating"（プディングがうまいかまずいかは食べて見なければわからない［論より証拠］）をもじったもの

ドリーだが、経済自由度スコアはフィリピンやインドネシアよりほんの少しだけ上という国だ。マレーシアと同様、市場を支配するマイノリティがある程度いることによって、実際に国の政府をより市場フレンドリーにすることができると考えるのは信憑性があるだろうか？

信憑性はあるだろう。しかしそれは、市場を支配するマイノリティのメンバーが政府の要職に迎えられていることを意味するからではない。マレーシアはインドネシアやフィリピンと同様、政府の要職に中国系がほとんどいない。一方でマレーシアには実際、中国系のリム・グアンエンが、2018年中頃から2020年初頭までの短期間、財務大臣の職に就いている。差別と、特に中国恐怖症の両方によって、あからさまであれ、微妙なものであれ、自分たちが豊かにする手助けをしてきたまさにその国の政府から、中国系移民が不釣り合いに遠ざけられている。つまり、中国系移民が政府に存在するということが資本主義への道を構築するものではないということだ。

むしろ、この可能性を考えてみたい。政府は概して、市場フレンドリーな政策を受け入れることに積極的ではないが、少しだけ市場を受け入れることによって、それなりの規模の市場支配的マイノリティがさらに繁栄する可能性があることを政府が理解すれば、市場を推進しやすくなる。その理由の一部は、市場支配的なマイノリティがより繁栄すれば、政府が課税できる収入が増えるからだ。反対に、市場の見通しが弱い国（おそらくは市場支配的なマイノリティのメンバーである国民が、いたとしても非常に少ないことがその理由だ）の場合、改革にそれほど積極的ではない。なぜなら、たとえ改革が正しく行われたとしても、経済改革の虹の橋の先には、もっとずっと小さな金の壺しかないからである。親市場的な経済改革は難しいが、大いなる繁栄が約束されていることこそ重い腰を上げる数少ない理由の一つなのだ。

したがって、課税基盤の拡大という見通しだけが（大衆がより豊かになるという見込みがあることは言うまでもないが）、政府を市場フレンドリーな改革へと向かわせることができる。そして市場支配的なマイノリティが創造できるものが一つあるとしたら、それはより大きな課税基盤、政府が他の人々に分配するためのより大きな金の壺である。

これは一つの理論にすぎないが、東南アジアに見られる謎を説明することができる理論でもある。その謎とは、全体として、より多くの中国系移民がいるということが、より広範な繁栄の予測因子になるという事実である。そしてもしこの理論が正しければ、それはつまり、政府に親市場的な改革を促す一つの方法は、それらの国に対して、より多くの市場支配的なマイノリティを長期的・多世代的に移民として受け入れることを奨励することだということになる。世界で最も貧しい国々、競争や市場に対するサポートが最も弱い国々は、中国系移民を十分に促進することができれば経済的可能性を劇的に向上させることができると私は信じる。

今度、貧困と闘う極貧国への募金を求める広告を見つけたら、こんなことを自分に問うてほしい。もしかしたら私は、中国人がその国に移住しやすいようにするべきではないだろうか？市場を支配し、創造するマイノリティを歓迎するために――その国に文化移植の予定を立てるよう勧めるべきではないだろうか？

その他の東南アジアの国々

これまでかなり多くの東南アジアの国々を除外してきた。相当数の中国人が住んでいる、この地域の他のいくつかの国について考えてみよう。

ベトナム：約10％が中国人（一般にホア族と呼ばれる集団）で、中国と同様、共産主義の大きな過ちから急速に立ち直った国。国民の現在の所得から彼らの長期的な見通しについてわかることは、それほど多くない。現在はフィリピンよりも貧しいが、成長はフィリピンよりもかなり速い。旧フランス植民地。

ミャンマー（旧ビルマ）：（少なくとも公的には）2011年まで国家社会主義軍事独裁政権が権力を握っていた。たとえ今も経済が軍によってほとんど支配されているとしても、共産主義への独自の悪しき道を辿りながら、今はそこから脱する道を模索している国としてミャンマーを考えてみよう。極貧国の一つとまではいかないが、どう考えても貧しい国で、ホンジュラスやニカラグア、ナイジェリアと同じレベルの所得しかない。人口の3％程度が中国系。旧イギリス植民地。

ラオス：ラオス系中国人のコミュニティが国の人口の約2％を構成している。1964年の『ニューヨーク・タイムズ』の記事の見出しに書かれているのは、あまりにもよくある話である。「ラオスで大活躍の中国人だが、コミュニティは反感を買っている」[17]。所得はフィリピンと同程度。ベトナムと同様、旧フランス植民地。

カンボジア：クメール・ルージュが資本主義者（一般的には単なる成功したビジネスパーソン）を殺害と迫害のターゲットにした。この国の中国系移民は他の多くの国々と同様、市場支配的なマイノリティで、その数は1970年代から1980年代にかけて減少した。現在、推定される中国系カンボジア人の数は変動しているが、考慮に値するのは0・1〜3％の範囲。今も貧しく、ミャンマーよりもかなり貧しく、フィリピンやラオスよりもはるかに下の水準である。ラオスとベトナムと同様、旧フランス植民地。

クメール・ルージュの大量殺戮では150万人〜200万人の人が殺害されたことを覚えておいてほしい。これは、なんらかの卓越した能力や知的活力の兆候を持つ人をターゲットにしたものだった。たとえば私のようにメガネをかけているだけで殺戮の対象となる可能性があった。

ブルネイ：東南アジアで高所得ながら中国人が大多数を占めない唯一の国。その代わり、ブルネイには石油がある。

東南アジア：同化神話を反証する

何年もの間、私はしばしば、移民が一国の政府を変えるのは、彼らが銃や病原菌や鋼鉄を携えて手荒にやってきたときだけだと聞かされてきた。平和的にやってきた移民が、自分たちが移り住んだ場所の政治や国の経済を変えることは決してないと言われている。彼らが新しい民族料理をもたらしたり、いくつかの言葉がその国の言葉に入り込んだりすることはあるかもしれない、それだけのことだ。それ以外は、何世代を経ても、他の国民の生活は以前とほとんど変わらないだろう。

ところが東南アジアの華人ディアスポラはこのすべてを反証する。彼らは穏やかに到着したし、多くの例外はあるものの、ディアスポラのメンバーは平均して、民間部門において、当然受けるに値する不釣り合いな富と支配を得るようになった。そしてシンガポールのように直接的か、または（私が主張するように）マレーシアのように間接的か、いずれかの方法で、彼らは市場に対する政府の態度を形成した。平和的な移住が一国の移民調整後のSATスコアを変えるとしたら、何十年もの間、その国の政府制度とその国の1人当たり所得が結果として形成されると信じる強固な理由がある。

さらにディアスポラは、強い、おそらく極端とも言えるほどの世代間の文化的特性が持続している例である。東南アジア全体にとって、移民の完全同化は神話だ。ほとんどの国で、中国系移民は何世紀もの間、たとえ長い年月の間に移動や融合、順応があったとしても、自身の母国の言語と文化の伝統を保持する傾向があった。そこには例外もある（タイは最も大きな例外で、中国系移民の文化的同化は地域の水準からして比較的強かった）が、私たちは一般原則に基づいた政策をとるべきだ。そしてその一般原則とは、文化の持続性である。一般原則は完全なる同化ではないのだ。

さらにディアスポラは恐ろしいことに、民族的多様性の代価の例でもある。これらは本当に素直にじっくりと考える価値のある代価である。これらの代価は東南アジアの国々にとって支払う価値があるものだと思う。というのも、より良い経済の見通し（より良いヘルスケア、より大きな人類の繁栄、より少ない苦労）は、インドネシア式の大虐殺や致命的な民族暴動が発生する現実的なリスクに見合うだけの価値がある。インドネシアの3億人の市民が2倍豊かになれば、今後半世紀で劇的に延びるであろう多くの人々の命（若者の命も含めて）は、私の個人的な評価では、10年ごとに２０００人が死亡する民族暴動の真のリスクに見合うものである。

インドネシアの乳児死亡率はフランスの4倍高く、インドネシアの平均寿命はオーストラリアより10年短い。世界の貧困国、特に極貧国では、中国からの大量移民の利益は、暴力的な民族的対立のリスクを含む民族的多様性がもたらす代価を大きく、そして明らかに上回る。

これは簡単にできる判断ではないが、どんな移民政策にも残酷な交換条件がある。これは私の個人的判断であり、みなさんはみなさん自身の判断を下すことをお勧めする。専門家らが民族的対立を軽減し、和らげ、排除する方法を見つけてくれることを願う——が、こうした慢性的な社会的疾患の治療法を待つことはできない。その代わりに私は、現代の、今年の、そして来る半世紀の生活を改善する最善の政策的助言を、最大の利益と最低の代価で提供する必要がある。

私の提案は明確だ。つまり、**華人ディアスポラを拡大すること**。

何百万人もの中国系移民がすでに過去数十年の間に、東南アジアのみならず、発展途上国へと移動してきた。『ニューヨーク・タイムズ』の記者ハワード・フレンチのすばらしい著書『中国の第二の大陸 アフリカ――一〇〇万人の移民が築く新たな帝国』というタイトルが、そのプロットを明かしている。[*18] 中国が自発的な高SAT移民の潜在的供給源として、他に類を見ないくらい重要なのは、中国が膨大な人口と比較的低い平均所得を兼ね備えているからである。少なくともあと20年の間、貧しい国々が中国からの長期移民に10年間の納税恩赦《タックスアムネスティ》を与えたり、慈善活動が世界の最貧国に対して、中国からの平和的で自発的な長期移民に助成金を出す選択をしたりすると想像することは可能だろう。

貧しい国々の貧困に終止符を打つための方法はたくさんある。私の方法は、**より多くの移民が資本主義の道を進むこと**、だ。

第8章 アメリカのディープルーツ

移民とその子孫は、短期的・長期的に見て、地域の発展にどのような影響を与えているのか？　その答えは、彼らがそこにもたらした属性、自分の子どもたちに引き継いだもの、そして他の集団と彼らの交流関係に左右される。

――スコット・フルフォード、イヴァン・ペトコフ、ファビオ・シャンタレリ

『ジャーナル・オブ・エコノミック・グロース』2020年*1

移民の国：アメリカ

無論、どの国も移民の国である。人間は世界中のあらゆる国に移り住んだり、そこから他の国へ出

て行ったりしているからだ。ところがアメリカは、他のほとんどの国と異なる。大半のケースにおいて、移民がアメリカに到着すると、彼らの到着は文書化され、カウントされ、記録される。私たちがアメリカ先住民とかネイティブアメリカンなどと呼ぶ人々は、文字通りの北アメリカ固有の人々ではなかった。むしろ彼らは、その先祖が、会計係や政府の記録係、奴隷貿易商たちが到着者数を集計するようになる前の先史時代に到着した人々である。ネイティブアメリカンも移民なのだ。

したがって、もしアメリカが特に移民の国であるならば、それは、アメリカが文書の国であるからという理由しかない。そしてそれらの文書は、経済成長の文化移植理論、すなわち世代を超えて、不完全ながらも永続的に伝達される行動特性が国民経済に劇的な影響を与えるという理論をテストする最後の方法を提供する。

経済学者のスコット・フルフォード、そして共著者のイワン・ペトコフとファビオ・シャンタレリは最近、私たちが見たこともない方法で文化移植理論をテストした。彼らはある国の住民の先祖が持つ背景によって、その国の平均的な経済的繁栄と平均所得を予測することができるかどうかを見極めるために、1000を超えるアメリカ合衆国の郡を調査した。そんなことは取るに足らない作業で、時間を費やす価値がないと思うかもしれない。現代のアメリカでは、アジア人は平均して白人より稼ぎが良く、白人は平均してラテン系アメリカ人男性より稼ぎが良く、ラテン系アメリカ人男性は平均してアフリカ系アメリカ人より稼ぎが良いというのはよく知られている。ところが、彼らはこれを、先祖の尺度と単純な「人種」の尺度とを部分的に比較することによって確認した。そしてフルフォードとペトコフ、シャンタレリは、1国の人種構成を知っていたとしても、そこに住む人々の先祖（スイス人かメキシコ人かチェコ人かポーランド人かイタリア人かといったこと）がわかれば、その国のこんにちの平均所得を予測するのに役立つことを発見した。

フルフォード（ここから先は、筆頭著者の名前のみ記す）はさらに先に進み、先祖の母国における現代の平均所得によって、こんにちの平均的な国の所得が予測できることを発見した。この有能なテストは、第1章で見たアルガン、カユク、アレシナ、ジュリアーノの文化的持続性テストと非常に良く似た作用をする。これらの論文は、イタリア系アメリカ人と、現代のイタリアに住むイタリア人の文化的態度を比較する一方で、フルフォードはイタリア系アメリカ人が100％を占める郡の所得と、現代のイタリアの所得とを比較した。より現実的には、アメリカにはイタリア系アメリカ人だけが住む郡は存在しないため、ある郡の平均所得と、同じ先祖的背景を持つ仮想の国の平均所得を比較した。80％がスウェーデン系アメリカ人で、10％がイギリス系アメリカ人、10％がメキシコ系アメリカ人の郡を、スウェーデン、イギリス、メキシコの所得を加重平均したものと比較し、ほとんどすべての加重をスウェーデンにかけた。フルフォードはこれを1万8000回（良いデータがあるアメリカの各郡について1回、1850年から2010年までの10年ごとに1回）行った。したがってこの論文は、異なる場所からのデータが含まれているだけではない。そこには、それぞれ異なる10年ごとのデータも含まれている。

基本的な物語に合致する三つの例を紹介しよう。ノルウェー人はポーランド人より稼ぎが良く、ポーランド人は自分の母国に住む平均的なフィリピン人より稼ぎが良く、ノルウェー人だけが住むアメリカの仮想の郡はポーランド人だけが住む郡以上に生産性が高く、ポーランド人はそのかわり、フィリピン人だけが住む郡より生産性が高い。例のごとく、この規則には例外がある。フランス系アメリカ人はフランス国内の所得から予測されるよりもはるかに稼ぎが良く、オーストリア系アメリカ人は少しだけ稼ぎが低い。例外はあるが、この一般原則を壊すことはない。先祖の故郷は、郡の所得と郡の生産性の予測に役立つ。フルフォードは、郡の現代の生産性の半分より少し多い56％が、古い郡から新しい郡へ伝達されているように見えることを発見した。

単純で不完全な先祖の尺度としては悪くない。繰り返しになるが、移民は自分たちの経済的運命を、大部分、先祖の母国から持ち込んでいるのだ。

富裕国からの移民：良い不動産を選んでいるだけ？

アメリカ合衆国における文化移植理論のテストは、世界を全体として見たときに提起されるものと同じ疑問へ私たちを立ち返らせる。たとえばノルウェーからの移民が、まずは良い土地を買ったら（または盗んだら）どうなるか、たとえばフィリピンからの移民が運命や抑圧のせいで悪い場所に流れ着いたとしたらどうなるか？　これらの文化的尺度のほとんどが、地理に関する物語を隠し持っているとしたら？

フルフォードは冷戦期から世界金融危機までのデータを所持しており、これらのデータにはアメリカ合衆国の先祖に関する国勢調査のみならず、それぞれの郡の平均所得の概算も含まれているため、彼は先祖から受け継がれているように見えるものが、本当に場所だけの問題なのか、それともある郡の人口密度や平均的な教育水準の問題でもあるのかを調べることができる。より良い教育を受けた人は、人口密度の高い地域の人と同様、高い生産能力を持つ傾向にあるため、これらの可能性はチェックする価値がある。

また先祖はこのテストに見事に合格している。このことは、アフリカ系アメリカ人とネイティブアメリカン（その先祖がフルフォードの結果を歪曲する可能性のある、アメリカ合衆国内で特有の恐怖を味わった人々）を統計的に無視したときや、その代わりに先祖の他の違いのみを見たときにも当てはまる。

さらに、地理そのものがこの結果を破壊することはありえない。実際、この論文の中心となる結果はすべて、各郡を「郡固定効果」として知られる、それ自身が持つ固有の地理とみなしているため、1850年以降、ニューヨーク市について何か特別なものが存在し（そして実際に存在する）、それが一部の移民集団の高所得の唯一の理由だった場合、フルフォードのテストからそのことを知ることができただろう（だが実際にはわからなかった）。この論文には、慎重に行った地理的調査が数多く存在する――そしてそれに加えて、先祖が持つ予測力も示唆している。

先祖はなぜ重要か

フルフォードは、人々の先祖は重要だということを示した。が、その後さらに先に進み、それがなぜ重要なのかという疑問を呈している。特に彼は、国民の先祖のほとんど、またはすべての力が、これまで見てきた三つの大きな尺度の簡略な表現になっているかどうかを調査する。

信頼を含む母国の平均的な文化的特性（第1章）
パッターマンとワイルの国家史指数に関する母国の価値（第2章）
行政府の制約に関する母国の尺度（第4章）

個々に見ると、これらの尺度のそれぞれが、国の所得水準を予測するのに役立っている。それは驚くべきことではない。というのもこれらはみな、国家の繁栄を予測するのに便利だからだ。ところが、彼らがこれらのディープルーツ尺度の間で統計分析の競争《ホースレース》を行った場合、パッターマンとワイルの国家史尺度が先頭になり、文化が二番手、そして行政府の制約がかなり後ろになる。

そして、組織化された国家のもとに暮らした先祖の経験を示す単純な指数（これまで見てきたように、技術史指数に負ける傾向のある指数）が大勝利を収めた。これはアクアマン（コミックをもとにした2018年公開のアメリカのスーパーヒーロー映画の主人公）が超悪玉をやっつけたようなものだ。もし彼が最強の敵をも打ち負かすことができたら、それはマン・オブ・スティール（2013年公開のアメリカのスーパーヒーロー映画の主人公）が汗をかく必要さえないことを示す良い兆候だ。

そしてフルフォードの主張を強調することも重要だ。それは、本書全体で使用されている先祖をベースとした、すべての尺度に当てはまる。これらの尺度はみな、それぞれの先祖集団内に莫大なバリエーションを隠し持っている。たとえばフルフォードは、彼自身のロシア人の先祖の尺度が、必然的にロシア正教会をユダヤ系ロシア人と結びつけていることを指摘する。単純化するのが統計学の特性なので、彼は国民レベルで単純化を行っている。これと関連して、フランスからの移民の尺度が、アメリカに来てより多くの収入を得たフランス人医師と、バカンスに来てそのまま帰国しなかったフランス人の高校卒業生を結びつけているということも忘れてはならない。ところで後者は数が多すぎて無視するわけにはいかない。アメリカ合衆国に到着した200万人の全フランス人の約0・5%が、観光だろうと留学だろうと、結局は所持しているビザの有効期限を超えて滞在しており、その数は毎年トータルで1万人程度になる。[*2] これは毎年約3000人のフランス人しかアメリカ市民になっていないということを知らない限り、それほど多くないように聞こえるかもしれない。[*3]

したがって、各国内の移民の多様性は確かに非常に重要であり、教育はこれを把握する上で最も簡単な方法である一方で、中世史の修士号と、電気工学の修士号ではやはり違いがある。どちらもすぐれている――が、後者の方が、有益な知識を世界的に蓄積するチャンスは増える。そしてこうした不完全な代理変数、すなわち先祖から受け継いだわかりやすい何かが、アメリカの結果を予測するのにこれほど良い仕事をしているという事実は、より良い代理変数が、これまでにない、より良い仕事をするということの証である。

私たちは（これまでの各章が証明しているように）ディープルーツ文献の中に容易に解決できる問題をたくさん見出している。これこそが、なぜそれほど多くの経済学者がこの特定の研究用果樹園に足を踏み入れてきたかを物語る一つの理由になる。みなさんが本書を読む頃には、先祖、移民、現代の結果を結びつけるさまざまなつながりに新たな発見が数多く見つかることは確実だが、これまでの実績から考えると、今後の研究が本書の結果に反するものになることはないだろう。今後の研究はそれらをさらに広げるものになるだろう。

スキルの多様性VS価値の多様性

これまで、二つの種類の多様性が繁栄にとって重要であることのエビデンスを見てきた。つまり、スキルの多様性と価値の多様性だ。ビジネスに関する文献は、スキルの多様性が会社を成功に導くという数多くのエビデンスを発見している。これは私が、テレビシリーズに登場する、腕前は千差万別だが最後には団結する雑多なクルーたちにちなんで「ファイヤーフライの多様性」と呼ぶ形式の多様性である。それとは別に、国家間《クロスカントリー》の研究では、異なる民族的背景を持つ人々は文化的態度も異なるという傾向がある場合、それは社会的対立と、内戦の大きな可能性の真の予測因子となることがわかった。継続中の広範な研究プロジェクトを簡略化すると、次のようになる。

スキルの多様性：国の繁栄にとって良いもの
文化的価値の多様性と結びついた民族的多様性：破壊的な社会的対立のより高いリスク

フルフォードはアメリカ合衆国の郡を使ってこれら双方の予測因子の重要な要素をテストする。そして何を発見するか？　彼はそれを次のように丁寧に表現している。こうした繊細なトピックにとって、これは良いアイデアだ。

集団が場所を共有して一緒に働かなければならないとき、意見交換、生産、公的な場で合意する能力を促す文化的態度の観点から、ある程度の合意がある限り、多様性は良いものとなる。[*4]

フルフォードが発見したのは文字通り、ある国の先祖が多様であればあるほど、より多くの繁栄が予測される一方で、国内の価値観の多様性が大きくなればなるほど、予測される繁栄は少ないということだ。このメッセージは、先に私たちが国家間比較《クロスカントリー》で見たものと比べると多少楽観的である。少なくともアメリカ合衆国内においては、過去160年以上のアメリカ合衆国に見られる範囲で言えば、先祖に多様性があることは利点であり、そうした集団が多様な文化的価値観を持っているかどうかを知らなくても、これは真実である。それは、体重の重い人は平均して、より強いということを知ることと少し似ている。体重が彼らを強くすることもあればそうでないこともあるが、体重が重たいことによって、ある人間をより強く見せるのに役立つその他の良い特性（身長や筋肉量）が予測できるのだ。

ところが、いったん文化的価値観の尺度を持つと、このメッセージは逆転する。国の文化的価値観の多様性から予測されるのは、その国の経済的な強さではない。経済的な弱さなのだ。この説明のほとんどは、先の引用でフルフォードが示唆していることと同じくらいシンプルかもしれない。おそらく文化的不一致は、ビジネスや学校、非営利・非政府団体が価値ある大きなプロジェクトで協力することを難しくするだけだ。他の説明も可能である。おそらく物語のすべては、支配的な民族集団出身の政府の指導者たちが、文化的に多様な地域を差別し、良い道路と良い教師を別のところに配置する

ということだ

たった一つの論文でこの問題を解決することはできないが、そのたった一つの論文しか、私たちにはない。むしろ、さまざまな方法を使った膨大な経験に関する文献があるだけだ。今こそ、ビジネス研究全般、国家間研究《クロスカントリー》、そして文化的多様性が、生産性、賃金、所得、平穏を損なうほど大きな社会的摩擦の根源であるという一般的なパターンに気づくべきときだ。楽観主義者らが望むような先祖の多様性があるとしたら（私たちすべてが異なる国から来たけれど、掘り下げてみればみなが似たような価値観を共有している）、私たちの多様性は私たちの強みであるという完全に楽観的な物語へと回帰できる。しかし、誰もそこへ辿り着く方法を知らないのだと思う。

文化的特性の持続を測る

著者らのうちの二人（ノースイースタン大学のペトコフとボストンカレッジのシャンタレリ）は、アメリカに関するもう一つの物語を語るため、イタリアの有名なボッコーニ大学のフランチェスコ・ジャヴァッツィと合流した。*5 ジャヴァッツィ（以降、この著者の名前のみ記す）は、アメリカに来た移民の文化的特性が持続するかどうか、するとしたらどれくらい持続するかを調べる独自の洗練されたテストを行った。彼は以下の七つの大きな文化グループの移民とその第二世代（子ども）、第四世代（曽孫）の子孫に焦点を合わせた。

イギリス
ドイツ
アイルランド
イタリア
ポーランド
スカンジナビア（スウェーデン、デンマーク、ノルウェー、フィンランド）
メキシコ

ジャヴァッツィはさらに、八つの文化的態度の大きなセットに目を向けた。一つを除いてすべてが複数の調査質問を活用したもので、そのほとんどが平均して三つか四つの調査質問になる。関連する質問を含む八つの態度は以下のとおりだ。

1. 協力（信頼問題：人はたいてい公平で助けになるか？）
2. 政府の役割（政府はもっと平等を促進するべきか？　あなたは左派か右派か？）
3. 信心深さ（宗教行事に定期的に参加して祈っているか？　死後の世界はあるか？）
4. 家族（親には従うべきか？　簡単に離婚できるようにするべきか？）
5. 性役割（女性は子どもが小さいときに、外に働きに出るべきか？）
6. 中絶（中絶は制限なしに受け入れられるべきか？）

7. 性的行動（婚前交渉と同性愛についてどう思うか？）
8. 移動と出世（努力すれば出世できるか？）

大局的に見れば、すべてのグループの移民とその子孫を一緒くたにした場合、第二世代は八つのカテゴリーのうちの六つにおいて50％以下の収束である。収束に関する二つの大きなトピックである可動性については57％の収束、中絶に対する態度はちょうど五分五分の収束だ。協力は第二世代において最低の収束を示した分野で、その割合は、33％程度だ。その他はすべて43％から46％の間の収束である。移民の子どもはほぼ、以前の国の態度を維持している。

第四世代までにアメリカで何十年か過ごせば、移民は最終的に同化するだろうか？　または少なくとも、たとえば90％は同化しているだろうか？　そうは言えない。同化率が全体的に最も高い項目は、幸いにも協力の81％だ。つまり平均して第四世代の移民は、旧国での物の見方とアメリカでの物の見方のギャップの81％を埋めたということである。これは第1章で見た信頼の同化以上だが、今回の数値は、これら七つの大きな文化グループしか見ておらず、多くのアメリカ人を省いていることに注意しなければならない。最低レベルの同化率は、残念ながら政府の役割についてであり、移民は移住先の国で一般的とされる政治的意見を大部分採用するだろうと考えた場合、これは朗報とは言えない。ジョージ・メイソン大学の私の同僚ブライアン・カプランは、人は大体において順応主義者であるから、移民は典型的なアメリカの態度に従う可能性が高いと主張している。第1章で引用した彼の言葉を思い出してほしい。「人には、すでに存在するものを好むという一般的な傾向があるとしたら、より自由至上主義《リバタリアン》的な社会に人々を効果的に受け入れれば、彼らはより自由至上主義《リバタリアン》的になる。『自由とはすでにここにあるものだ。ならば、それを守り続けよう』」。そしてアメリカは移民の母国と比べて非常にうまく機能するため、政治的に多くの適合性を期待すべきだと彼は主張する。カプランは、「ここにやって来る人々は全般的に、われわれの現状を、それが多かれ少なかれ機能する限り受け入れるだろう」という見方は「現実主義」だと述べている。*6

ほとんどの現実世界の国々と比較すると、アメリカは非常にうまく機能しているため、これはカプランの理論にとってすぐれたテスト事例であるように見える。では、第四世代の移民は、平均的なアメリカ人が政府の適切な役割に対して抱いている見方にどれほど従っているだろうか？

たった38％だ、とジャヴァッツィは見積もる。これは実際、第二世代以下における数値だ！　彼は、第二世代が、旧国と平均的なアメリカ人との間の政府の態度のギャップの43％を埋めることを発見した。全体的に見て、低レベルの適合性は、ほとんどの移民がアメリカの現在の態度よりも良い政治的態度を持つ国から来たと考えない限り、悪い兆候である。アメリカの移民のほとんどが、繁栄した市場フレンドリーなシンガポールから来たということが判明したとしたら、私はその理論を受け入れるつもりだ。しかし実際のところ、私たちは、移民の最後の数世代は概して、経済的方針に関してより良い見方をする国々の出身者であるという主張に懐疑的になるべきだろう。カプランの現実主義的とされる立場は、エビデンスに基づく立場のようには見えない。

全体として、八つすべての態度において、ジャヴァッツィは、60％をほんの少し下回る態度のギャップが第四世代によって埋められることを発見した。完全な同化、いや90％の同化でさえ、やはりどうやら神話であるようだ。

こうした結果は七つの大きな文化グループを一つにまとめたものだが、ジャヴァッツィはさらにこれをバラバラにする。24の調査質問すべてを通じて、ジャヴァッツィは、少なくとも母国と第四世代の態度とのギャップの半分を埋めた質問の割合を報告している。したがって、50％の同化率が彼の基準だ。つまり彼は、非常に寛大な相対評価をしているのだ。この尺度によると、平均的なアメリカ人の態度に対する最大の順応者はドイツ系移民となる。彼らは第四世代までに、79％の質問で少なくとも半分の収束を示した。最も順応性が低いのはポーランド系移民で、ほぼ順応したのはたった38％の質問だ。その他はすべて中間値である。

アイルランド人　67％
イギリス人　67％
メキシコ人　58％
イタリア人　58％
スカンジナビア人　54％

通常、繁栄について考える際に焦点を合わせる課題（協力と政府の役割に対する見方）については、このパターンは七つの文化グループ全体でも持続している。ドイツ人は6問中5問でほぼ順応しており、メキシコ人とポーランド人は6問中2問、イタリア人は3問、スカンジナビア人、アイルランド人、イギリス人は6問中4問だ。

ジャヴァッツィは持続性におけるこうした違いに気づいている。「持続性もまた、先祖の母国が世代ごとの収束パターンにとって重要であるという意味において、国特有のものである」[*7]。

単に国や文化によって文化的態度が異なるだけではない。さらに、少なくともアメリカ合衆国では、前世紀全体で、態度の**持続性**も実質的に異なっている。他よりも順応している文化もあれば順応していない文化もあるが、典型的なアメリカ人の見方に90%順応している文化は一つもない。順応率の低い人々が、アメリカがより必要としている文化的特性を持ち込むことを期待したい。

全米50州のディープルーツを探る

ケイトー・インスティチュートはワシントンD・Cにある自由市場のリバタリアン系シンクタンクだ。毎日更新されるポッドキャストに、彼らは親切にも私を数回招いてくれたことがある。そこで働く多くの人々を、私は尊敬している。このシンクタンクの思想家と記者の名簿には、本当にスキルがあって思慮深い人々が数多く含まれている。原則として、彼らはあらゆる国からの、より多くの移民にきわめて協力的で、研究者の中には、移民の利点が過小評価されていてコストが過大評価されていると主張する論文を書く人もいる。

過去数年間、ディープルーツ文献がその存在感を増すにつれて、ケイトーのアレックス・ノヴラステはこの文献に対する数多くの批判を携えてディープルーツ議論に飛び込んだ。彼の批判は、アカデミックな世界ではまだ共感が得られていない（信頼に関する学術研究を退けた、ある共同執筆論文がその一例である）[8]が、その努力には敬意を表したい。

ノヴラステは最近、全米50州にまたがるディープルーツに目を向けた論文を共同執筆した。したがってこれは、フルフォードの論文となんらかの共通点がある。[9]ところが、ケイトーのノヴラステと南メソディスト大学のライアン・マーフィは、アメリカの3000の郡を見る代わりに50の州に目を向けた。しかしこれまでと同様、ここでは筆頭著者のノヴラステのみに言及する。フルフォードが使用したさまざまな予測因子（文化的で、所得ベースで、先祖にかかわる因子）を使う代わりに、ノヴラステはSATスコアのSとA、すなわち国家史と農業史を使用した。これらは国の繁栄と国の政府の質を示す最も弱い予測因子の二つであることを思い出すだろう。ノヴラステは、SとAのスコアにおける州レベルの違いによって、50州全体の結果における相違が予測できるかどうかを確認した。

そして何がわかったか？

最も基本的なレベルでは、SとAはおそらく、アメリカ合衆国の州全体の所得格差の予測においてBマイナスになることを発見した。確かに、それぞれのスコアがより高い方が、原則として、繁栄にとってはより良いように見えるが、単純な統計分析の競争《ホースレース》においては、州をまたがる気候の地域差がSとAを打ち負かしたことがわかった。これはそれほど驚くべきことではない。そして彼が自身のテストに、よりパワフルな技術史の予測因子であるTを含めなかったことに注意したい。ところがその後、ノヴラステは新しい馬をレースに加えることにした。この分野の研究者がしばしば口にする、各州の人口における非ヒスパニック系白人（NHW）のパーセンテージだ。そしてNHWが多ければ多いほど、一般に所得が低いことが予測される。その理由に関する私の考えは以下の通りだ。アメリカ史全体を通じて、あらゆる人種、あらゆる民族的背景を持つ人々は、繁栄している土地へ移動する傾向がある、と。そしてもちろん、第二次世界大戦以前ではないにしても大戦以降は、繁栄している土地への移民の多くは、非NHW（ほとんどがアフリカ系、ヒスパニック系、アジア系の先祖を持つ人々）によるものだった。したがって、彼が発見した負の関係は、移住するほど魅力的ではない州がいくつか存在することを教えてくれるだけかもしれない。ときに、地理が実際に結果を左右することもある──そしてあのウィスコンシン州の冬は、移民の磁石を引き付けることは決してないだろう。

いずれにせよ、ノヴラステがひとたびNHWを統計分析の競争《ホースレース》に参加させたとたん、事態は一変する。SとAのスコアが高いほど、州レベルの繁栄が期待通りに予測され、この関係は通常強く、比較的正確である。それはノイズのようには見えない。偶然の一致のようでもない。50州にまたがるそれらのシンプルなテストには、組織化された国で暮らした先祖の経験がより長く、正式な農業の経験がより多いことで、州レベルのより高い所得が予測されるというすぐれたエビデンス（ただし鉄壁ではない）がある。それがディープルーツ文献の敵意ある批評家が発見しようとしていることだとしたら、公平な評者は何を信じれば良いのだろうか？

ノヴラステはさらに先に進んで追加のテストを行い、SとAのスコアが高いほど政治汚職に関して行政府が受ける有罪判決が少なく、社会的資産がより多く、個人的・経済的自由に対する法的保護がより充実していることが予測されるかどうかを調べた。また、この統計分析の競争《ホースレース》に、地理に関するいくつかの基本的尺度を含め、これらの結果を予測するのに多少の競合があるようにした。そして国家史と農業史のスコアが高ければ高いほど、政府の汚職率は低く、社会的資産は多く、所得の平等性が高いことが予測されることを発見した。さらに、国家史のスコアが高いほど、全体的な個人的・経済的自由に対する州レベルの法的保護が多いことも予測される。ノヴラステは、ディープルーツスコアとその他のいくつかの州レベルの結果との間に、もっと多くのノイズがある関係を見出しているが、この関係はほぼ常に、SATスコアと、第4章で見た制度の質との間のパターンを基準に予想できる方向を向いている。全体的に見て、彼は、組織化された国家のもとで暮らしたり、洗練された農業方式を使用したりした先祖の経験が豊富であればあるほど、より良い結果が予測できることを発見したのだ。これがディープルーツ文献を論破するものであるとしたら、私はそうした論破を喜んで歓迎する。

賢く注意深い評論家なら、私たちの理論をテストする手助けができるだろう。真実を発見することへの対立的アプローチ（各派閥が他の派閥の主張を批判し、論破しようとすること）は、法廷ではうまく機能し、経済学においてもうまく機能する。つまり、ノヴラステの批判は、過去はプロローグになるかという最も重要な問いに対する私たちのファイナルアンサーとして機能するのだ。

概してその答えはイエスであるように見える――ただし、移民を調整する限りにおいて。

いわく言いがたいもの《ジュ・ヌ・セ・クワ》

ヨーロッパ人が植民地に持ち込んだ生物学的・文化的荷物の中で、大規模なヨーロッパの移民の結果に貢献したのはどの要素だろうか？

——ジャレド・ダイアモンド
「国運の逆転、および社会科学の方法論」２０１４年[*1]

医療の専門家は、アスピリンがなぜ作用するかを知ることなく、２００年にわたってこの薬を処方してきた。アスピリンの物語は、エドワード・ストーン牧師が英国王立協会に「柳の樹皮の疥癬《かいせん》治療における成功の説明」を提出した１７６３年に始まった。[*2] 疥癬とは、当時の言葉で熱や悪寒の症状を意味する。牧師は、自分は「偶然」、柳の樹皮をテストしたと主張した——ありそうな話だ！　彼はすぐさま、それがマラリアの治療薬として有名なキニーネの供給源であるペルーの樹皮と同じ苦い味がすることに気づいた。このシンプルな類似点、その類似した味は、牧師に「これを使って何か実験をしよう」と思わせるのに十分だった。「そしてこの目的のために、私はその夏、〔柳の樹皮を〕約1ポンド集め、3ヵ月以上、袋の中で乾燥させた。するとそれは粉々の粉末になった」と彼は言う。

その後ストーン牧師がマラリアに似た熱を出したとき、その粉を摂取し、徐々に量を増やしていったところ、熱が下がり始め、やがて平熱になったことを確認した。その後彼は、人間モルモットを数人見つけた。「その後何人かで試したが、同じように成功した」。そしてテストの5年後、これを約50人に試したところ、乾燥させ粉砕した柳の樹皮が確かに効いていると結論付け、結果を知らせるために王立協会に手紙を書いた。これが、現在アスピリンと呼ばれている薬について私たちが学んだ経緯である。

オンラインや本では、古代ギリシャ思想家のヒポクラテスが柳の樹皮を噛んだり、そのお茶を飲んだりすれば熱が下がることを解明したと主張するとりとめのない物語がたくさん飛び交っている。ところが西オーストラリア大学の薬理学者フィリッパ・マーターが記しているように、これらの物語は都市伝説である。実際にはヒポクラテスが唯一、柳について言及した話は、女性が柳の葉（樹皮ではない）のタバコを吸って、流産の合併症を回避したというものだ。[*3] 解熱剤としての柳樹皮に関する明確な歴史は、ストーン牧師が王立協会に宛てた手紙に始まり、それはさまざまな実験から始まっていた。

しかしこの実験の方法には一つの大きな限界がある。治療効果があることを示すことはできるが、実験だけでは、なぜその治療が効くのかを示すことができないのだ。これは、治療グループには新しい薬を与え、対照群、すなわちプラセボ群には与えないという状況の限界（これを問題と呼ぶのは言い過ぎだろうが）だ。

人々は「なぜ」を聞きたがる。新しい治療、移民政策、新しい教授方法がどのように作用するかの説明が聞きたいのだ。人は理論が好きだ。良い物語が好きだ。しかしジョージ・メイソン大学の私の同僚タイラー・コーエンが何年も前にＴＥＤトークの中で示唆したように、私たちは「シンプルな物語を疑ってかかる」べきだ。*4 物語をこしらえることは難しくはない。つまりストーリーテリングのコストは低い。そして人類は物語を聞くのが大好きだ。したがって物語への需要、特にリアルに感じられる物語への需要は大きい。高い需要と低い生産コスト。経済学の博士号を持っていなくても、その物語が真実かどうかに関わらず、現実的に感じられる物語がたくさん出てくるだろうと予測することはできる。

したがって、ストーン牧師に、なぜ柳の樹皮がマラリア様《よう》の熱を治癒する可能性があるかに関する直感的で理にかなった物語があったとしても驚くべきことではない。

この［柳の］木が、主に瘧癖［マラリアのような熱と悪寒］を蔓延させる、湿り気のある、濡れた土壌を好むように、多くの自然病はそれ自体にその治療法を備えている、または治療法は病気の原因からそれほど遠くないところにあるという一般的な格言が、この特定のケースに非常に［適していた］ため、これを適用しないわけにはいかなかった。

したがって、この良心的な牧師は、自然が正しい方向を指し示すというある種の薬理地理学の理論に従ったのだ。彼は自身の専門的なトレーニングを神学でも利用した。「これは、私が従わなければならない神の摂理の意図するところなのかもしれないということが、私に多少なりとも影響を与えた」。

これら二つの物語、すなわちこれらの直感的な説明を合わせて、なぜ乾燥させて粉末にした柳の樹皮が熱を下げるかに関するストーン牧師の理論ができあがった。説明としてはあまり良くないペアだが、質の悪い説明しか当時は提供されていなかったのだ。

そして200年の間、この物語には大きな進展がなかった。ストーン牧師が論文を発表してから2世紀後の1971年になってようやく、ジョン・ヴェインがアセチルサリチル酸（アスピリンの正式名称）がどのように人体内で実際に作用するかを発見した。ヴェインが発見したのは、アスピリンの「作用メカニズム」として知られるものだった。最終的にはこの発見でノーベル賞を受賞した。そして「何」から真の「なぜ」に至るまで、2世紀の歳月が流れていたことに着目してほしい。

文化はどのように移植されるか

明らかに、アスピリンの物語は、私たちが調査してきた文化の移植経路のメタファーである。私たちは、文化が持続し、文化がかなりの程度まで移住後も生き延びることをかなり明確に理解しているが、なぜそれが持続するかについては本当のところ正確にはわかっていない。21世紀も半ばに差し掛かろうとしている今、それが、文化が国の経済で果たす重要な役割に関する知識の現状である。それはまるで、相関関係が実は因果関係であるということに比較的自信が持てる研究室の実験のようなものに見えるが、この因果関係が本当はどこから来るのか、私たちはまったく確信できない。文化の特性がなぜそれほど持続するのかということがわからないのだ。こんにちの文化は１８００年当時のアスピリンと非常によく似ている。

集団の文化的相違は１００％遺伝的なものだろうか？　それらは１００％教えることが可能で、簡単に交換できる、何かフェイスブック（現メタ）上での定期的な公共サービスの通知で修正できるようなものなのだろうか？　それとも第三のオプションがあって、文化は交換可能な焦点のセットであり、一人で変えることは難しいが、それを私たち全員が一度に行えば簡単に変えられるものなのだろうか？　換言すれば、文化の規範は、車が道のどちら側を走るかを決めることと非常によく似ているということなのだろうか？

焦点理論が本当だということが判明すれば、原則的には、より良い、より生産的な文化的規範に移行するためのなんらかの方法が、ある文化に属するどんな人にでも存在するということになり、それはスウェーデン人が全員、１９６７年の有名なＨデーに、車は道の左側ではなく右側を走ることへと切り替えた方法に少し似ている。Ｈデー（9月3日）の午後4時50分、スウェーデンに住むすべての人は車を止め、10分以内に車を道の反対側へ移動させなければならなかった。そして午後5時、彼らは全員、生まれて初めて（同時に）右側通行で運転を始めたのだ。もしかしたら、もっと大きくてもっと重要な文化改革がこれと同じような効果を発揮したかもしれない――最も重要な改革でさえも。

そしておそらく、文化的持続性はこれらの経路の二つか三つの統合体を通じて生まれるのだろう。つまり、遺伝、個々の学びによる規範、そしてグループの焦点規範といったものだ。もしかしたら異なる経路の方が、異なる文化的特性にとってはより重要なのかもしれない。

しかし、これらはすべて推測である。そしてこれら数行の文章は、未来の推測の幅広い可能性のほんの始まりの部分を表すにすぎない。実際、文化的持続性の理由について私が書けることはどれもみな、純粋に推測的なものだろう。本書は多くの推測が飛び交う本ではなかったし、そうなる予定もない。この推測については今後の研究者に委ねたい。

経済学者はXがYの原因になるということと、XがYの原因になる**理由**の区別に慣れている。偉大な哲学者であるデヴィッド・ヒュームは、18世紀にこう書いた。通貨の供給量の増加は、しばらくの間、経済成長を加速させたが、それがなぜなのかを議論するのに私たちは200年以上の年月を費やしてきた、と。実際、私の博士論文はこの巨大なパズルの小さなピースに関するものだった。それは企業が価格の急騰に混乱し、自分たちの商品の人気が一時的に高まったと考えるからなのだろうか？それとも、物価の調整には時間がかかるため、貨幣の増加は生産量の増加をもたらし、消費者はしばらくの間、お金持ちになったような感覚を味わうからなのだろうか？　この主張のそれぞれの側には、少なくとも一人のノーベル賞受賞者がいる。前者はロバート・ルーカス、後者にはエドマンド・フェルプスだ。

同様に、大学の学位を取得することにより、平均して人よりも多くの金を儲ける人になれるが、これはほとんどの場合、その学位が、すでに頭が良いということを示す信頼できるしるしになるからなのか、それとも学位取得者は、その人を実際により有益な人間にするようなことを大学で学んできたからなのか？　これら二つの理論のそれぞれに、ノーベル賞が与えられている。一つはマイケル・スペンスに、もう一つはゲイリー・ベッカーに。

したがって、その「こと」について知ることは、それが「なぜ」かを知ることとは異なるのであり、しばしばかなりかけ離れているのだ。しかし、その「こと」も決して小さなものではない。すぐれた経済政策、すぐれた移民政策は、これらの「こと」を基盤として構築されるからだ。結局、私たちはそれでも、なぜアセトアミノフェン（しばしばタイレノールとして知られている）が多くの頭痛や熱を治すことができるかわからない。確かに、現在ではアスピリンの作用メカニズムはわかっているが、タイレノールの作用メカニズムについては今も幅広く議論されている。とはいえ、この無知は、医師がタイレノールをきわめて安全な薬、日常的に処方するのに十分安全な薬と考えるのを妨げることはない。

タイレノールを作用させるものは何か？　移民が受け入れ国の経済を母国の経済と確実に似たものにするプロセスとは、どのようなものなのだろうか？

フランス人が言うように、それは「いわく言いがたいもの《ジュ・ヌ・セ・クワ》」なのだ。

おわりに
ガチョウと黄金の卵

昔、想像しうる限り最もすばらしいガチョウを飼っている農夫がいた。毎日巣に行くと、ガチョウは美しく輝く黄金の卵を一つ産んでいた。

その卵を市場へ持っていくと、まもなく農夫はお金持ちになった。ところが次第に、ガチョウが卵を産むのが待てなくなった。そのガチョウは、1日に1個しか卵を産まなかったからだ。彼がすぐにお金持ちになることはなかった。

そんなある日、稼いだお金を数え終わると、農夫にあるアイデアが浮かんだ。ガチョウを殺してお腹を開けば、一度に何個もの黄金の卵を手に入れることができるかもしれない、と。ところが、事を済ましたとき、たった1個の卵さえ見つからず、農夫の大切なガチョウは息絶えていた。

――「ガチョウと黄金の卵」『イソップ物語』1919年*1

移民が変える世界

寓話は経済理論ととても良く似ている。どちらも本領を発揮すれば、私たちを取り巻く世界の本質の一部を教えてくれる物語だ。純金の卵を産むことができるガチョウを描いたイソップ物語は、富は不思議なプロセスによって生まれることを教えてくれる——それは、ガチョウの内部にある何か、なかなか見えず、なかなか理解できず、再現不可能な何かによって生まれるのだ。

国の富も似たような不思議なプロセスによって生み出される——そしてそれが数多く生産される国もあればそうでない国もある。なぜある国は他の国よりも、1人当たりの産出が20倍にも30倍にもなるのだろうか？　多くの人が便利な説明を求めたがるが、それはこの謎の説明にはならない。富はおそらくガチョウの内部にあるからだ！　それは緯度かもしれない！　キリスト教かもしれない！　はたまた搾取かもしれない！

多くの人はさらに、短期的なことだけを考えたくなる。今すぐにガチョウの腹を切り裂いて、欲しいものを手に入れたらいいじゃないか！　今を生きろ！　思い立ったが吉日だ！

そして、地球上の5億人をゆうに超える人々が1日2ドル以下で生活し、20億人以上の人々が基本的なトイレも屋外便所もない生活を強いられ、平均寿命が70歳以下の国が50ヵ国もあるという、人類の貧困問題がこれほど切迫しているときに、最貧国から最富裕国へより多くの移民を推進することが、なぜこれほどまでに魅力的でこれほどまでに直感に訴えるものであるかは容易に理解できる。短期的（たとえば数十年単位）に見れば、世界で最も貧しい国からイノベーション先進国のI-7へ毎年

1000万人を余分に受け入れれば、確実にほぼすべての移民の生活を改善することになる。結局、政府と文化が短期間で大きく変化することは稀なのだ。

しかし長い目で見ると、私たちは、この移民の波がどうなっていくか見当がつく。次の100年が過去の100年（または過去の500年）とまったく同じであれば、世界の最貧国から、世界で最もイノベーティヴな国であるI-7へ、毎年大量の移民が発生することによって、最終的に以下のような影響を及ぼす傾向があることが予測できる。

政府の質が低下し、汚職が増加する。

社会的対立が増加する——そして内戦のリスクも高まる。

見知らぬ人に対する信頼——そしておそらくは信頼することの価値——が低下する。

最低賃金の引き上げや、労働者の解雇を困難にする法律への支持が高まる。

イノベーションが全体的に低下し、新しいイノベーションは最終的に全地球に広がっていくため、全地球が結果的に損をすることになる。

最貧国からイノベーション先進国へ数十年にわたって移民の波が押し寄せた結果、I-7の平均所得は、大量移民の波が起こらなかった場合よりも低下し、新しい科学、新しい技術における成長がより遅く、より緩慢になる世界が現れる。

もちろん、移民の子孫は、彼らの先祖が移民を禁じられていた場合よりも確実に安泰になるだろう。

これについてはおそらく1世紀、もしかしたらもっと長い間異論はないと思われる。ところが数十年の間に、そしておそらく1世紀も経たないうちに、I－7における政府の質の低下、信頼の低下、社会的対立の増加は、移民の波が起こる前にI－7に住んでいた人々の子孫の生産性、所得、イノベーション率、長期的幸福を損なう傾向がある。そしてきわめて重要なことに、地球上のあらゆるところに住んでいる人類は、I－7がイノベーティブでなくなるにつれて損をすることになるのだ。国の経済はチームの努力である。特に民主主義においてはそうである。そして以下のものがいくつか組み合わさると、世界的なイノベーションと世界的な繁栄という黄金の卵を産むガチョウを傷つけてしまう可能性が高いのだ。

国のSATスコアの低下（特に技術史スコア）

民族的・文化的多様性の上昇（しばしば先祖がかつてI－7に住んでいたような人々からの人種差別的反発に拍車をかける）

信頼、質素倹約、家族の絆といった問題への態度を含む、受け入れ国に持ち込まれた文化的態度

もちろん、これらの予測は想像の行為である。というのも、それらは二つの仮想シナリオを考える必要があるからだ。しかし政府の方針選択の影響について考えることは、すべて想像の行為だ。ではなぜ、これらの想像上の結論に注意を向けるべきなのだろうか？

なぜなら、私の最も重要な主張（文化は持続し、有意な程度まで、移民のプロセス後も生き延びる）は、

良い経験と数多くの共通点を持つようなタイプのエビデンスに裏付けられているからだ。1500年以降、人々は世界を移動してきた。そして彼らは旧国から自分たちの経済的遺産の多く、いや、そのほとんどを持ち込んできた。ここで、高いSATスコアを持つ移民の大きな波がなかった南北アメリカや東南アジアの国々は対照群であり、高いSATスコアを持つ移民の大きな波があった国々（ネオ・ヨーロッパやネオ・チャイナ）は処置群である。

移民は移住先を出身国と似たものにする

そしてより短い時間軸で見ると、第二、第三、そして第四世代までの、こんにちの世界中からの移民の子孫が、遠い昔に先祖が住んでいた国の態度ととても良く似た政治的・社会的態度を保持している。ここで、平均的なイタリア人や平均的なドイツ人は対照群に含まれ、イタリア系アメリカ人やドイツ系アメリカ人は処置群に含まれ、完全に取り入れられることのなかったアメリカ文化による処置を受けている。いつか、誰かが文化の持続性を排除するような薬やTikTok動画やパワーポイントのスライドデッキを発明するだろう。しかしそれが起こらない限り、移民は平均して、移住先の国を、自分が去った国ととても良く似たものにすると信じ続けるべきだ。

華人ディアスポラの議論で見たように、文化移植理論は、原則として、親移民政策を支持する理論と言える。ある国が次の世紀の繁栄と平和を望むとしたら、その技術史スコアを上げるような移民政策を選ぶのが賢明だ。それが有能な統治、市場、個人主義にやさしい文化的態度を輸入する。そしてそれは、しばしばより大きな文化的・民族的多様性を伴うリスクにも、ある程度の注意――度を超した注意と言うにはほど遠いが――を払っている。

こうした文化的多様性のリスクは、圧倒的とは言わないまでも、看過するには大きすぎる。アメリカのオバマ元大統領が最近、かつて自分が率いた国について次のように語った。「アメリカは大規模な多民族・多文化の民主主義を築いた最初の真の実験である。そしてわれわれはまだ、それが持続できるかどうかわからない。それがうまくいくと断言できるほど長い間、十分な実験が行われていないからだ[*2]」。

しかし確実性はメニューにはない一方で（これが政策の世界に存在することも稀である）、私たちはそれでも、現存するエビデンスを利用することができる。新聞の紙面上でなくとも、少なくとも大学では、このエビデンスは率直かつオープンに議論されるべきである。そして未来の移民政策を選択しようとしている他の国々は、そのまさに現存するエビデンスに重点を置くべきだ。

しかし多様性にはそれ自体のリスクがある一方で、その卓越性には見返りがある。これまで検討してきた研究の形式的な限界から一歩外に出ると、I-7の国々を含めたあらゆる国は、各国からのノーベル賞受賞者、偉大な作家、イノベーティブな科学者を歓迎し、彼らに市民権を即座に与えるべきである。これを証明する定理も方程式もない。私にあるのは、1000人に1人の聡明な人は貴重な宝物であり、そうした人類の宝はあらゆる国のリーダーや市民に賞賛されるべきだという事実だけだ。私たちは常に、私たちの中で最高の人材を歓迎し、彼らから常に学ばなければならないのだ。

タイカ・ワイティティのすばらしい映画『マイティ・ソー：バトルロイヤル』のエンディングで、私たちは、火の悪魔スルトルの手により、主人公ソーの民の故郷である惑星アスガルドが完全に破壊されるのを目の当たりにする。アスガルドの人々の多くは、雷の神と共に逃げることができたため、避難民となって新しい家を求めた。彼らは最終的に新しい家を見つける。地球だ——実際は地球上のある小さな町、ノルウェーのテンスベルというかわいらしい町だ。

母国を失うことは大きな悲しみであり、この映画の登場人物たちはその喪失を嘆く。ところが、イドリス・エルバが演じるヘイムダル（神の全能の目を持つ）はまもなく、文化移植の力を簡潔に述べ、いくばくかの慰めをもたらした。ヘイムダルはこの言葉で、アスガルドの文化は新しい母国に移植することができ、やがてそうなるだろうということをソーに念押しした。すなわち、「アスガルドは場所ではない。人である」と。

謝辞

本書は私のシンガポール三部作の最後の作品だ。この三部作は『ハイブ・マインド』から始まった。その中で最初に言及される国がシンガポールで、当然のことながらこの国は、高いテストスコア、高い平均所得、質の高い統治を兼ね備えている。第二の作品『マイナス10％の民主主義』では、世界の豊かな民主主義国家が、おそらくアメリカより民主主義が50％少ないシンガポールから学ぶことができる教訓について、丸々一章分を割いて説明している。そしてもちろん、シンガポール――ほとんどの先祖が中国南部から来た移民の国――は文化移植理論を例証している。

この三部作は、私の長年の友人であり、欠くことのできない編集者であるカレン・ジョンソンとマット・デヴリーズがいなかったら存在しなかっただろう。そしてまたジョージメイソン大学経済学部の私の同僚たち（彼らは10年前、私に終身在職権という貴重な贈り物を与えることに賛成してくれた）と、GMUの公的選択研究センターの力強いサポートがなければ存在しなかった。公的選択センターは、これら三部作すべてにつながる研究に対して、いつも寛大に金銭的サポートをしてくれた。そして特に、ジョージ・メイソン大学そのものに感謝したい。この大学は良いときも悪いときも、特別な福利厚生とともに通常の給料を支払ってくれただけでなく、本書『移民は世界をどう変えてきたか』を執筆するための研究休暇の資金も惜しみなく提供してくれた。スタンフォード大学出版局の編集者であるスティーヴ・カタラーノは、常に私の研究のすばらしいサポーターで、一緒に研究をする上で比類ない人物だった。本の企画書があれば彼のところへ持っていくことをお勧めする。編集実務担当者のバーバラ・アーメントラウは、卓越した編集手腕を発揮し、大小さまざまな方法でテキストを改善してくれた。彼女にも感謝したい。スタンフォード大学出版局のシンディ・リムとジジ・マークは、本書の編集・製作プロセスがすべてスムーズにいくようにしてくれた。そして著作権エージェントのマーゴ・ベス・フレミング・オブ・ブロックマンは、三部作すべてにおいて、相談相手でありアドバイザーとして欠かせない存在だった。

『移民は世界をどう変えてきたか』のほとんどの部分は、２０２０年初頭、新型コロナウィルスのロックダウン中に書かれた。まさに研究休暇中のことだった。この期間にエリザベス・キングは、私が書き、考え、仕事をすることができるように自宅の一室を開放してくれた。この時期の彼女には特に感謝したい。研究休暇の初期の頃、私はもっと長いツアーでトップ大学の経済学部を巡ることを期待していたが、ミネソタ大学のアルド・ラスティキーニとニューヨーク大学のデヴィッド・セザリーニと会話をしたことで元気をもらい、知的生活がいかにすばらしいものであるかを思い知らされた。

本書を、愛する父と、私の最初の知的な仲間であるリチャード・オリン・ジョーンズの思い出に捧げたい。リチャードはあまりに若くしてこの世を去ったが、自分の孫たち全員に会うことができるくらい長生きをするに値する人だった。組合の配管工で、卓越した技術を有し、同僚たちから尊敬されていた彼は、集中力と懸命で知的な仕事の模範だった。彼とこの本について議論したかった。

訳者あとがき

本書は、米ジョージ・メイソン大学の経済学者ギャレット・ジョーンズの *The Culture Transplant: How Migrants Make the Economies They Move to a Lot Like the Ones They Left* (Stanford University Press, 2023. 文化移植：移民はいかに移住先の国の経済を移住元の国の経済と似たものにするか）の全訳である。本書で著者は、ブラウン大学のルイス・パッターマンとデヴィッド・ワイルによるディープルーツ文献をはじめ、広範にわたる経済学的調査から導き出された結果やデータをもとに、移民がもたらす文化が受け入れ国の社会、政治、特に経済に及ぼす影響について、さまざまな問題を提起しながら詳細に解説していく。本書でいう「移民」とは、自分の意思で移動したか強制されて移動したかにかかわらず、大航海時代以降、世界中に移り住んだすべての移動者を指している。著者の主張によると、ある国の現在の繁栄は、１５００年以降、先進的な統治制度が整い、農業が定着し、技術的に進んだ国からどれほどの人が移り住んできたかという先祖の歴史に左右されるという。こうした移民は新天地に完全に同化するわけではない。彼らは自国の文化を新しい国に持ち込み、それを維持していく。こうして第二世代、第三世代へと受け継がれていった文化が、何百年という非常に長いスパンでその国の経済や社会を変えていく。いわば、過去によって未来が予測されるということだ。

ここで着目したいのが「文化」という言葉である。本書の「序」でも触れられているように、経済学者の間では1990年代に入るまで、国の富を測るのは投資や貯蓄といった標準的な経済要因や政治的な要因が主であるとの考え方が一般的であり、文化的要因は軽視されていた。ところが1990年代半ば以降、コロンビア大学のX・サラ－イ－マーティンによる分析をきっかけに、「文化」が国の景気動向に影響していることが徐々に明らかになってきた。本書はこの「文化」を、地理などの物理的要因と区別した、食べ物や宗教、他人に対する態度、価値観、政治思想といった「人」に付随するものとして扱っている。無論、文化はある「場所」から別の「場所」へ自然に移動するものではない。文化を移動させるのは「人」である。人の移動、すなわち移民が文化を伝達するのだ。「世代を超えて、不完全ながらも永続的に伝達される行動特性が国の経済を劇的に変えていく」というこの考え方を、著者は「文化移植理論」と呼んでいる。

移民によって他国の文化が移植されると、そこには必然的に文化の多様性が生まれる。本書では、移民がもたらす文化が受け入れ国の文化と中間地点で出会う「スパゲッティ理論」というおもしろい考え方を紹介している。イタリアから入ってきたスパゲッティは、アメリカ文化の中にすっかり溶け込み、今やイタリア系移民のみならずアメリカ中の人々の好物になっている。完全に同化するのではなく、互いが歩み寄って中間地点で出会い、その国の文化になっていく。これもまた同化の一形態だと著者は言う。こうした例はスパゲッティのみならず、日本人が移住先にもたらした寿司にも見られる。私が昔住んでいたサンフランシスコでは、日本街《ジャパンタウン》に行くと、寿司を握っているのは日本人以外のアジア人だったりする。そして寿司ネタも、かなりアメリカ風にアレンジされている。海苔とご飯を裏巻きにしたカリフォルニアロールはすでにお馴染みだが、大きなうなぎでご飯を巻いて龍に見立てたドラゴンロールや、スパイダーロール、シュリンプ天ぷらロールなるものもあり、これらはもはや寿司ではなくＳＵＳＨＩである。これこそまさに、著者の言う、互いの文化が少しずつ歩み寄って模倣し合い、相乗効果を生み出す「スパゲッティ理論」と言えるだろう。

ところが、こうした文化の多様性が国の繁栄を生み出すかどうかということになると意見が分かれる。多様な文化は新しいアイデアやイノベーションの創出につながり、業績や生産性の向上が期待されるとする経済学者がいる一方で、著者は、ハーバード大学のロバート・パットナムらの研究を引用し、文化的多様性は国の経済を脆弱にし、社会的信頼を弱め、市民の対立を生むおそれがあると述べている。それならば移民を完全にストップさせればよいかと言えばそうではなく、スキルの多様性は強みであり、経済的成長につながると著者は主張する。彼が警鐘を鳴らすのは、国境解放《オープンボーダー》、すなわち貧困国から富裕国への無制限で自由な大量移民に対してである。なぜならイノベーションのほとんどは、彼が「Ｉ‐７」と呼ぶイノベーション先進７ヵ国で起こっており、世界中の国々がＩ‐７による研究開発に大きく依存しているからである。これらの国が貧困国からの大量移民を受け入れた場合、ガバナンスが脅かされ、統治と制度の質に打撃が加わる。そうなると、Ｉ‐７のみならず、これらの国に依存する全世界の国々の損失にもつながり得るのだ。

一方で、歴史的、経済的、技術的に進んだ国の先祖を持つ人々（たとえば中国系移民）が貧困国へ移住するという政策は、受入国の人種的・民族的暴力の脅威を差し引いたとしても利益になると著者は述べている。臓器移植と同様、文化も、移植された際にうまく適合しなければ、それが異物として認識され、これを排除しようとする拒絶反応が生じる。だから、どこの国のどんな移民を受け入れるかが、その国の経済成長や技術的発展、政府の質の向上といったものにとって非常に大きな意味を持つのである。

このI－7の一国である日本に目を向けてみると、労働市場への影響、賃金低下、治安の悪化、不法移民、文化や言語の違いによるコミュニケーション問題、人種差別など、日本の歴史や日本人の国民性と相まって、これまで移民政策に対しては慎重な姿勢が示されてきた（表向きには「移民」という言葉を使わず、「外国人労働者の受け入れ」としている）。ところが少子高齢化による人材不足が深刻な問題となり、これまでの社会を維持するためには外国人の労働力が不可欠という、もはや待ったなしの状況である。経団連が2022年2月に発表した提言「Innovating Migration Policies――2030年に向けた外国人政策のあり方」によると、戦略的誘致、D&I（ダイバーシティ&インクルージョン）、ライフサイクルを通じた支援による外国人の定着といった政策が2030年を目標に進められている。すでに、さまざまな国から多くの人々が独自の文化を携えて日本を訪れている。数千年前も、大陸から渡来人が海を渡って日本にやって来た。彼らが日本にもたらした大陸文化が、この国の繁栄を大きく後押ししたのは事実だ。それと同じように、日本は世界に影響を及ぼすイノベーション先進国という立場を維持しながらも、グローバル化や男女平等、奉仕・慈善の精神など、他より遅れをとっているとされる文化を他国から移植し、それらが日本の伝統を壊すことなく、互いに歩み寄り、高め合っていくことを願う。移民の受け入れは、国の経済的繁栄のみならず、一人ひとりの価値観や生き方にも関わってくる問題だ。私たち日本人も、他人事ではなく自分の事として、移民問題を真剣に考えるべき時が来たのではないかと思う。

現在、日本における移民問題の現状と今後の展望について、体系的に解説された文献はさほど多くは見つからず、国民の間でも移民に対するイメージだけが先行しているように思える。こうしたイメージや感情論を排除した客観的な移民問題の分析を行っている参考文献として、『移民の経済学』（ベンジャミン・パウエル編、藪下史郎他訳、東洋経済新報社、2016年）が挙げられる。アメリカにおける移民研究に限定されてはいるものの、今後の移民政策について考える上で、日本人にとっても大いに参考になる。また、日本における移民受け入れのメリットとデメリットについて、政治、経済、社会、労働、技術などさまざまな観点から細かく論じた『移民の経済学――雇用、経済成長から治安まで、日本は変わるか』（友原章典、中公新書、2020年）は、移民問題を学ぶ入門書として最初に手に取ってみたい一冊である。

最後に、慶應義塾大学出版会出版部の永田透氏をはじめ、丁寧な校正、的確なご指摘をしてくださった校閲担当の方々、その他、本書の刊行にあたってお世話になった多くの方々に、この場を借りて厚く御礼申し上げたい。

2024年3月

飯嶋貴子

国	SAT	SAT*	1人当たり所得（2002年）（ドル）
スイス	0.72	0.82	30,361
シリア・アラブ共和国	0.76	0.50	3,528
タイ	0.69	0.73	7,007
チュニジア	0.63	0.79	6,765
トルコ	0.87	0.70	6,389
ウガンダ	0.25	0.18	1,403
ウクライナ	0.59	0.80	4,906
イギリス	0.75	1.00	26,134
アメリカ合衆国	0.64	0.73	35,924
ウルグアイ	0.75	0.84	7,769
ウズベキスタン	0.60	0.37	1,667
ベネズエラ	0.54	0.55	5,387
ヴェトナム	0.68	0.76	2,304
ザンビア	0.16	0.16	839

出所：Putterman and Weil (2010); Comin, Easterly, and Gong (2010); 計算は著者による

国	SAT	SAT*	1人当たり所得（2002年）（ドル）
マダガスカル	0.24	0.32	745
マレーシア	0.65	0.71	9,160
マリ	0.39	0.49	977
モーリタニア	0.27	0.07	1,575
メキシコ	0.50	0.40	9,005
モンゴル	0.46	0.33	1,624
モロッコ	0.52	0.43	3,811
ネパール	0.56	0.17	1,383
オランダ	0.72	0.88	29,038
ニュージーランド	0.63	0.88	21,788
ニカラグア	0.50	0.53	3,211
ニジェール	0.39	0.43	806
ナイジェリア	0.39	0.46	947
ノルウェー	0.63	0.91	37,148
パキスタン	0.79	0.59	2,018
パナマ	0.50	0.52	6,293
パプア・ニューギニア	0.14	0.00	2,376
パラグアイ	0.51	0.44	4,606
ペルー	0.51	0.38	5,011
フィリピン	0.40	0.52	4,172
ポーランド	0.66	0.82	10,707
ポルトガル	0.79	0.95	18,154
大韓民国	0.72	0.88	17,225
モルドバ共和国	0.61	0.73	1,477
ルーマニア	0.62	0.59	6,733
ロシア連邦	0.56	0.79	8,309
セネガル	0.33	0.29	1,592
シエラレオネ	0.15	0.08	516
シンガポール	0.83	0.75	24,013
スロバキア	0.61	0.77	12,940
南アフリカ	0.25	0.28	10,136
スペイン	0.80	0.96	21,599
スーダン	0.49	0.30	1,806
スウェーデン	0.65	0.89	26,019

国	SAT	SAT*	1人当たり所得（2002年）（ドル）
中国	0.90	0.78	4,552
香港SAR、中国	0.89	0.77	26,565
コロンビア	0.51	0.59	6,382
コンゴ	0.22	0.16	979
コスタリカ	0.64	0.89	8,842
クロアチア	0.69	0.76	10,232
デンマーク	0.72	0.90	30,907
エクアドル	0.45	0.41	3,537
エジプト	0.70	0.68	3,814
エルサルヴァドル	0.51	0.57	4,935
エストニア	0.49	0.85	12,379
エチオピア	0.61	0.52	739
フィンランド	0.42	0.70	26,580
フランス	0.81	0.87	27,123
ガボン	0.18	0.09	6,403
ドイツ	0.81	0.82	27,175
ガーナ	0.34	0.33	2,126
ギリシャ	0.77	0.84	18,767
グァテマラ	0.44	0.38	4,085
ギニア	0.28	0.23	2,084
ガイアナ	0.52	0.45	4,264
ホンジュラス	0.50	0.54	2,604
ハンガリー	0.72	0.83	13,921
インド	0.75	0.63	2,674
インドネシア	0.52	0.66	3,178
イラン	0.85	0.66	6,525
アイルランド	0.59	0.79	36,751
イタリア	0.78	0.82	26,460
日本	0.70	0.85	26,808
ケニア	0.21	0.17	1,020
ラオス人民民主共和国	0.66	0.71	1,678
ラトヴィア	0.51	0.85	9,275
レソト	0.09	0.12	2,443
リトアニア	0.54	0.88	10,349

付録　あなたの国のSATスコア

SATスコアは、第2章と第3章で議論した、移民調整後の国家史(S)、農業史(A)、技術史(T)を示すシンプルな平均値で、すべての値が0と1の間になるように重み付けしなおしている。

SAT*スコアは、2002年の1人当たりの対数所得を、同じ移民調整後のS、A、Tスコアに最小二乗回帰したものを基準にしたS、A、Tの最適加重である。ここでも、これらはすべての値が0と1の間になるように重み付けしなおしている。回帰は圧倒的な加重を技術史に、わずかなマイナス加重を農業史に、そしてほぼゼロの加重を国家史に与えている。

SAT*のメッセージは、ある国の繁栄をS、A、Tの指数のみで予測しようとした場合、ほぼすべての加重をT(すなわちコミン、イースタリー、ゴンの移民調整後の1500年の技術史指数)に与えようとするというものだ。SとAが現代の繁栄を予測するのに役立つ範囲内で、それらはほとんど、その後の技術経験を捉える尺度であるTの前兆となるからである。

国	SAT	SAT*	1人当たり所得(2002年)(ドル)
アルジェリア	0.56	0.80	5,769
アンゴラ	0.16	0.15	2,232
アルゼンチン	0.74	0.81	11,086
オーストラリア	0.72	0.92	28,335
オーストリア	0.78	0.87	29,339
バングラデシュ	0.54	0.56	1,696
ベラルーシ	0.54	0.85	5,542
ベルギー	0.71	0.90	27,576
ベナン	0.20	0.11	1,074
ボルヴィア	0.50	0.33	2,497
ボツワナ	0.13	0.11	9,017
ブラジル	0.65	0.74	7,776
ブルキナファソ	0.33	0.50	1,110
カメルーン	0.27	0.12	2,037
カナダ	0.73	0.86	29,865
中央アフリカ共和国	0.31	0.19	1,175
チャド	0.26	0.37	999
チリ	0.60	0.65	9,805

10) U.S. Department of State, *2018 Investment Climate Statements: Malaysia*, n.d., https://www.state.gov/reports/2018-investment-climate-statements/malaysia/.
11) Pan (1990): 133.
12) Priebe and Rudolf (2015): 249.
13) Priebe and Rudolf (2015): 249.
14) Priebe and Rudolf (2015): 249.
15) Priebe and Rudolf (2015): 250.
16) Gwartney, Lawson, Hall, and Murphy (2018).
17) "Chinese Are Thriving in Laos, but the Community Is Resented," *New York Times*, August 14, 1964, 3.
18) French (2014).

第8章　アメリカのディープルーツ

1) Fulford, Petkov, and Schiantarelli (2020): 341.
2) U.S. Department of Homeland Security (2020).
3) U.S. Department of Homeland Security (2019), 最終更新日2019年9月12日。https://www.dhs.gov/profiles-naturalized-citizens-2017-countryhttps://www.dhs.gov/profiles-naturalized-citizens-2017-country.
4) Fulford, Petkov, and Schiantarelli (2020): 344.
5) Giavazzi, Petkov, and Schiantarelli (2019).
6) Caplan (2012): 14.
7) Giavazzi, Petkov, and Schiantarelli (2019): 119
8) Nowrasteh and Forrester (2020).
9) Murphy and Nowrasteh (2018).

いわく言いがたいもの

1) Diamond (2014): 17713.
2) Stone (1763).
3) Martyr (2020).
4) Cowen (2009).

おわりに　ガチョウと黄金の卵

1) "The Goose and the Golden Egg," *The Æsop for Children* (New York: Rand McNally, 1919), presented by Library of Congress, https://read.gov/aesop/091.html.
2) 以下の論文からの引用。Goldberg (2020).

35) Stichnoth and Van der Straeten (2013): 368.

第6章 I-7——イノベーションを支える国々

1) Keller (2004): 752.
2) 明らかな例外：もし、そのアイデアが「世界を破壊する能力」だとしたら、それは可能な限り未発見のままにしておくべきアイデアだ。他の有害なアイデアも同様に、発見してはいけないカテゴリーに入るだろう。
3) OECD (2018).
4) OECD (2018).
5) Nature Index (2018).
6) Tebaldi and Elmslie (2013).
7) Tebaldi and Elmslie (2013): 890.
8) Tebaldi and Elmslie (2013): 890.
9) これはピアソン相関係数が約0.7であることを私なりに表現したものである。
10) Wang (2013).
11) Wang (2013): 143.
12) Eaton and Kortum (1999): 537.
13) Mansfield and Romeo (1980).
14) Mansfield and Romeo (1980): 738, note 3.
15) Mansfield and Romeo (1980): 738.
16) Mansfield and Romeo (1980): 746.
17) Mansfield and Romeo (1980): 746, note 19.
18) Mansfield and Romeo (1980): 742.
19) Kidder (1981).
20) Boldrin and Levine (2008).
21) Hall, Mairesse, and Mohnen (2010): 1069.
22) Hall, Mairesse, and Mohnen (2010): 1072.
23) Hall, Mairesse, and Mohnen (2010): 1072.

第7章 華人ディアスポラ——資本主義への道

1) Priebe and Rudolf (2015): 250.
2) Chua (2004).
3) Pan (1990): 132.
4) Rauch and Trindade (2002): 116–30; 彼らのデータの多くは以下から。Poston, Mao, and Yu, (1994): 631–45.
5) Osborne (2016): 117.
6) Bolt (2000), 24–25.
7) Yeung (2007): 356.
8) Ratuva (2013): 202.
9) Ratuva (2013): 202–3.

第5章　多様性の何が問題なのか

1）Hjort（2014）: 1899.
2）Mwaniga（2020）.
3）Hjort（2014）: 1929.
4）Hjort（2014）: 1929.
5）Hjort（2014）: 1902–3.
6）Rothschild, and Stiglitz（1970）; Stigler（1961）; Sargent（2009）.
7）Shimer（2010）.
8）Kidder（1981）.
9）Williams and O'Reilly（1998）.
10）Williams and O'Reilly（1998）: 120.
11）Williams and O'Reilly（1998）: 121.
12）Williams and O'Reilly（1998）: 121.
13）Williams and O'Reilly（1998）: 121.
14）Williams and O'Reilly（1998）: 120.
15）Williams and O'Reilly（1998）: 80.
16）Jackson, Joshi, and Erhardt（2003）: 810. 強調は原文。
17）Van Knippenberg and Schippers（2007）.
18）Mannix and Neale（2005）: 31.
19）Mannix and Neale（2005）: 35.
20）Jonsen, Schneider, and Maznevski,（2016）: 29.
21）Jonsen, Schneider, and Maznevski（2016）: 35.
22）Van Dijk, Van Engen, and Van Knippenberg（2012）: 38.
23）Carter, and Phillips（2017）: e12313; Small, Major, and Kaiser（2021）; Chi, Huang, and Lin（2009）.
24）Klein and Stern（2005）Gross and Fosse（2012）; Car（2015）.
25）Ely and Thomas（2020）. 著者らは、多様性のために新たに改善されたケースは、過去のケースよりも強力で、より実用的だと主張しており、今から10年後には、彼らが正しかったことがわかるだろう。しかし現在の知識の状態においては、多様性がパフォーマンスを向上させるという現行のビジネスケースは、良くても、混乱に陥るというのが教訓である。
26）Hunt, Yee, Dixon-Fyle, and Prince（2018）.
27）Tirole（2010）.
28）Putnam（2000）.
29）Putnam（2007）.
30）Dinesen, Schaeffer, and Sønderskov（2020）.
31）Esteban and Ray（2008）: 2185.
32）Desmet, Ortuño-Ortín, and Wacziarg（2017）: 2479.
33）Desmet, Ortuño-Ortín, and Wacziarg（2017）: 2481.
34）Habyarimana, Humphreys, Posner, and Weinstein（2007）: 709.

13) Smith (1776).
14) Prugnolle, Manica, Balloux (2005).
15) これらの尺度の多くは以下を参照。Chanda, Cook, and Putterman (2014).
16) Kelly (2019).
17) 一般に「空間的自己相関」の問題として知られるモーガン・ケリーの批判は、ディープルーツ文献に関連のあるものだけでなく、国家間比較のすべてに適用される。たとえば、市場フレンドリー的で繁栄している国は、互いに近隣同士である傾向があり、男女平等レベルと教育レベルがより高い国も、互いに近隣同士の傾向がある。この考え方をする学派は、これらの相関関係が頑健かつリアルであり、なんらかの因果関係を表しているという主張を中心に構築されているが、これらの相関関係は「近接=類似」という事実や、独自の国は10～20しかなく、残りはその10～20の国のクローンに近いという事実をほとんど考慮に入れることはない。こうしたすべては、ウォルド・トブラーの「地理の第一法則」で、次のように要約されている。「すべてのものは他のすべてのものに関連しているが、近いものは遠いものより、より関連している」。Tobler (1970): 236.

第4章　移動する「善き統治」

1) 1755年の講演。以下の論文からの引用。Dugald Stewart, "Account of the Life and Writings of Adam Smith LL.D.,"in *The Collected Works of Dugald Stewart*, vol. 10 (Edinburgh: Thomas Constable and Company, 1793, section IV, 25.
2) Putterman and Weil (2010): 1652.
3) Glaeser, La Porta, Lopez-de-Silanes, and Shleifer (2004).
4) Putterman and Weil (2010): 1653.
5) Adams (1775): 84. 強調は原著者による。
6) Clark (2008).
7) Glaeser et al., (2004): 276.
8) Kaufmann, Kraay, and Zoido-Lobatón (2002): 5.
9) Ang (2013).
10) 世界ガバナンス指標 (WGI) は提起的に更新され、そのプロジェクトは世界銀行から助成金を得ている。以下を参照。http: //info.worldbank.org/governance/wgi/.
11) Jones (2020).
12) 重要な例外：チリの北部地域は比較的繁栄していたインカ帝国の南部地域の一部だった。
13) Acemoglu, Johnson, and Robinson (2002): 1279.
14) Chanda, Cook, and Putterman (2014).

第2章　繁栄はどこから来たのか

1）Putterman and Weil (2010): 1629.
2）Russell (2005): 365.
3）Yamamura (1990): ch. 8, 378.
4）McEvedy and Jones (1978); Ang (2013).
5）Putterman and Weil (2010).
6）Putterman and Weil (2010): 1628. 太字は原著者による。
7）Putterman and Weil (2010): 1678.
8）Putterman and Weil (2010): 1641.
9）本書では全体にわたって、2つの変数間の標準的なピアソン相関係数（通常Rまたはrと示される）を、一方の変数が他方の変数によって説明される％の尺度として使用する。したがって、私が国家史や農業史の尺度が所得格差の「約半分」を予測すると言うとき、それは、ピアソン相関係数（最も一般的な相関尺度）が約0.5であることを意味する。ほとんどの大学の教科書では、むしろこれらの数字の2乗を予測された％の好ましい尺度として使うだろうし、0.5の2乗はもちろん0.25、つまり25％だが、私はこの使い方には同意しない。なぜ私はピアソン相関係数を「予測された％」、またはかなり非公式には「説明された％」の尺度として扱うか？　端的に言えば、Rは割合の2乗の平方根であり、実際上は、距離の2乗の平方根が距離となる。このことはスプレッドシートを使って試してみることができる。2つの統計の相関関係が0.3の場合、一方の統計値を知ることで、もう一方の差異の約30％を予測できることがわかる。
10）Yilmaz and Chatterjee (2003). 以下も参照。Friendly (2002).
11）Sargen (1976).

第3章　人なのか、場所なのか

1）Comin, Easterly, and Gong (2010): 71
2）Ahmad (2017).
3）Peregrine and Ember (2001): xix.
4）Jacobs (2016).
5）Comin, Easterly, and Gong (2010): 84
6）Rampell (2010).
7）Comin, Easterly, and Gong (2010): 84.
8）もちろん皮肉を込めて。ここでは単に、通常の最小二乗回帰（OLS）を使っているだけである。
9）Spolaore and Wacziarg (2013).
10）Biémont and Vieira (2006): Palazzo and Gregory (2014) Doolittle (2013).
11）Spolaore and Wacziarg (2009).
12）Ashraf and Galor (2013) Ashraf and Galor (2018).

注

序　経済学者は「文化の力」にいかにして気づいたか

1）Smith (1776).
2）Sala-i-Martin (1997).

第1章　同化という神話

1）Alesina and Giuliano (2015): 904.
2）van Zanden and Bolt (2013).
3）Williamson (2003), ch. 13.
4）Vidaurreta (1982): 310.
5）Rock (1985): 186.
6）Vidaurreta (1982) : 310.
7）Svec (1970): 616.
8）Simon (1946): 38.
9）Marsal (1970): 209.
10）Caplan (2012): 13.
11）「世界価値観調査」のウェブサイトは以下の通り。https://www.world values survey.org/wvs.jsp.
12）「総合的社会調査」のウェブサイトは以下の通り。https://gss.norc.org/.
13）Algan and Cahuc (2010).
14）"Mother Who Left Baby Outside New York Restaurant in 1997 Says Arrest Was Unjust," *Associated Press*, November 26, 2017.
15）Algan and Cahuc (2010).
16）Sylla (2014). 移民教育、保護者教育などを制御する他のキッチンシンク回帰はオーバーコントロールのバイアスが大きすぎるため、ここでは地域別制御のみの結果を報告している。
17）Moschion and Tabasso (2014).
18）Ljunge (2014).
19）Order of the Sons of Italy (2003).
20）McMillan (2016).
21）Jones (2015).
22）Costa-Font, Giuliano, and Ozcan (2018).
23）Fuchs-Schündeln, Masella, and PaulePaludkiewicz (2020): 1035.
24）Alesina, Algan, Cahuc, and Giuliano (2015).
25）Alesina et al., (2015): 617−18.
26）Alesina et al., (2015): 618.
27）Alesina et al., (2015): 618.
28）Borrell-Porta, Costa-Font, and Sato (2017): 261.

Williamson, Edwin (2003) *The Penguin History of Latin America*. New ed. London: Penguin.
Yamamura, Kozo (1990) "The Growth of Commerce in Medieval Japan." In *The Cambridge History of Japan*, vol. 3, edited by Kozo Yamamura.Cambridge: Cambridge University Press.
Yeung, Henry Wai-chung (2007) "The Dynamics of Southeast Asian Chinese Business." *Handbook of Research on Asian Business*, ch. 18. Cheltenham, UK: Edward Elgar Publishing.
Yilmaz, M. R., and Sangit Chatterjee (2003) "Salaries, Performance, and Owners' Goals in Major League Baseball: A View through Data." *Journal of Managerial Issues* 15, no. 2: 243–55.https://www.jstor.org/stable/40604428.

epdf/10.1098/rstl.1763.0033.
Svec, William R. (1970) "Reviewed Work: *Immigration and Nationalism: Argentina and Chile, 1890–1914* by Carl Solberg." *Hispanic American Historical Review* 50, no. 3: 616.
Sylla, Daouda (2014) "Impact of Culture on the Second Generation Immigrants' Level of Trust in Canada." PhD diss., University of Ottawa.
Tebaldi, Edinaldo, and Bruce Elmslie (2013) "Does Institutional Quality Impact Innovation? Evidence from Cross-CountryPatent Grant Data." *Applied Economics* 45, no. 7: 887–900.
Tirole, Jean (2010) *The Theory of Corporate Finance*. Princeton, NJ: Princeton University Press.
Tobler, Waldo R. (1970) "A Computer Movie Simulating Urban Growth in the Detroit Region." *Economic Geography* 46, Supplement: Proceedings: 234–40.
U.S. Department of Homeland Security (2020) *Fiscal Year 2019 Entry/Exit Overstay Report*. Washington, DC: DHS, March 30, 2020. https://www.dhs.gov/sites/default/files/publications/20051 3fy19-entry-and-exit-overstay-report.pdf.
——— (2019) "Profiles on Naturalized Citizens, 2017 Country." Database.Last updated September 12, 2019. https://www.dhs.gov/profiles-naturalized-citizens-2017-country.
U.S. Department of State (2018) "2018 Investment Climate Statements: Malaysia."n.d. https://www.state.gov/reports/2018-investment-climate-statements/malaysia/.
Van Dijk, Hans, Marloes L. Van Engen, and Daan Van Knippenberg (2012) "Defying Conventional Wisdom: A Meta-analytical Examination of the Differences between Demographic and Job-Related Diversity Relationships with Performance." *Organizational Behavior and Human Decision Processes* 119, no. 1: 38–53.
Van Knippenberg, Daan, and Michaela C. Schippers. (2007) "Work Group Diversity." *Annual Review of Psychology* 58: 518.
van Zanden, Jan Luiten, and Jutta Bolt (2013) "The Maddison Project." University of Groningen. https://www.rug.nl/ggdc/historicaldevelopment/maddison.
Vidaurreta, Alicia (1982) "Spanish Immigration to Argentina, 1870–1930." *Jahrbuch fur Geschichte Lateinamerikas* 19, no. 1: 285–319.
Wang, Cong (2013) "Can Institutions Explain Cross Country Differences in Innovative Activity?" *Journal of Macroeconomics* 37: 128–45.
Williams, Katherine Y., and Charles A. O'Reilly III (1998) "Demography and Diversity in Organizations: A Review of 40 Years of Research." *Research in Organizational Behavio*r 8: 70–140.

Sala-i-Martin, Xavier (1997) "I Just Ran Four Million Regressions." *American Economic Review* 87, no. 2: 178–83.

Rothschild, Michael, and Joseph E. Stiglitz (1970) "Increasing Risk: I. A Definition." *Journal of Economic Theory* 2, no. 3: 225–43.

Sargent, Thomas J. (2009) *Dynamic Macroeconomic Theory*. Cambridge, MA: Harvard University Press.

——— (1976) "The Observational Equivalence of Natural and Unnatural Rate Theories of Macroeconomics." *Journal of Political Economy* 84, no. 3: 631–40.

Shimer, Robert (2010) "The Diamond-Mortensen-Pissarides Contribution to Economics." Unpublished manuscript. October 20, 2010. http://sites.tufts.edu/yioannides/files/2012/09/Shimer-Pissarides.pdf.

Simon, S. Fanny (1946) "Anarchism and Anarcho-Syndicalism in South America." *Hispanic American Historical Review* 26, no. 1: 38–59.https://doi.org/10.2307/2507692.

Small, Payton A., Brenda Major, and Cheryl Kaiser (2021) "Making Diversity Work for Everybody? The Double-Edged Sword of All-Inclusive Diversity." *Personality and Social Psychology Bulletin*, October 2021.https://doi.org/10.1177%2F01461672211047016.

Smith, Adam (1776) *An Inquiry into the Nature and Causes of the Wealth of Nations*. London: Printed for W. Strahan and T. Cadell in the Strand. https://archive.org/details/inquiryintonatur01smit 0.〔『国富論』(全四巻) 水田洋監訳、岩波文庫、2000–1年〕

Stewart, Dugald (1793) "Account of the Life and Writings of Adam Smith LL.D." In *The Collected Works of Dugald Stewart*, vol. 10, 1–98.Edinburgh: Thomas Constable and Company. https://socialsciences.mcmaster.ca/econ/ugcm/3ll3/smith/dugald.

Stichnoth, Holger, and Karine Van der Straeten (2013) "Ethnic Diversity, Public Spending, and Individual Support for the Welfare State: A Review of the Empirical Literature." *Journal of Economic Surveys* 27, no. 2: 364–89.

Spolaore, Enrico, and Romain Wacziarg (2009) "The Diffusion of Development." *Quarterly Journal of Economics* 124, no. 2: 469–529.

——— (2013) "How Deep Are the Roots of Economic Development?" *Journal of Economic Literature* 51, no. 2: 325–69.

Stigler, George J. (1961) "The Economics of Information." *Journal of Political Economy* 69, no. 3: 213–25.

Stone, Edward (1763) "An Account of the Success of the Bark of the Willow Tree in the Cure of Agues." *Philosophical Transactions of the Roya Society of London* 53, Letter XXXII: 195–200.https://royalsocietypublishing.org/doi/

Sydney: Allen & Unwin.

Palazzo, Alexander F., and T. Ryan Gregory (2014) "The Case for Junk DNA." *PLOS GENETICS* 10, no. 5. https://doi.org/10.1371/journal.pgen.1004351.

Pan, Lynn (1990) *Sons of the Yellow Emperor: The Story of the Overseas Chinese*. London: Secker & Warburg.

Peregrine, Peter N. and Melvin Ember, eds (2001) *Encyclopedia of Prehistory* (New York: Springer Science & Business Media)

Poston, Dudley L., Jr., Michael Xinxiang Mao, and Mei-Yu Yu (1994) "The Global Distribution of the Overseas Chinese around 1990." *Population and Development Review* no.16: 631–45.

Priebe, Jan, and Robert Rudolf (2015) "Does the Chinese Diaspora Speed Up Growth in Host Countries?" *World Development* 76: 249–62.

Prugnolle, Franck, Andrea Manica, and Francois Balloux (2005) "Geography Predicts Neutral Genetic Diversity of Human Populations." *Current Biology* 15, no. 5: R159–160.

Putterman, Louis, and David N. Weil (2010) "Post-1500 Population Flows and the Long-Run Determinants of Economic Growth and Inequality."*Quarterly Journal of Economics* 125, no. 4: 1627–82.

Putnam, Robert D. (2000) *Bowling Alone: The Collapse and Revival of American Community*. New York: Simon and Schuster.〔『孤独なボウリング――米国コミュニティの崩壊と再生』柴内康文訳、柏書房、2006年〕

——— (2007) "E Pluribus Unum: Diversity and Community in the Twenty-First Century. The 2006 Johan Skytte Prize Lecture." *Scandinavian Political Studies* 30, no. 2: 137–74.

Rampell, Catherine (2010) "Economix: Was Today's Poverty Determined in 1000 B.C.?" *New York Times*, August 2, 2010. https://economix.blogs.nytimes.com/2010/08/02/was-todays-poverty-determined-in-1000-b-c.

Ratuva, Steven (2013) "Ethnicity, Reform and Affirmative Action in Malaysia." In *Politics of Preferential Development: Trans-Globa Study of Affirmative Action and Ethnic Conflict in Fiji, Malaysia and South Africa*, 195–218.Canberra: ANU Press.

Rauch, James E., and Vitor Trindade (2002) "Ethnic Chinese Networks in International Trade." *Review of Economics and Statistics* 84, no. 1:116–30.

Rock, David (1985) *Argentina, 1516–1982: From Spanish Colonization to the Falklands War*. Berkeley: University of California Press.

Russell, Bertrand (2005) "Voice of the Sages," Appendix VII. In *The Collected Papers of Bertrand Russell*. Vol. 29, *Detente or Destruction, 1955–57*, edited by Andrew Bone, 363–65. London: Routledge.

Subsidiaries by U.S.-Based Firms." *Quarterly Journal of Economics* 95, no. 4: 737–50.

Marsal, Juan F. (1970) "Review of Carl Solberg, *Immigration and Nationalism: Argentina and Chile, 1890–1914*." *Annals of the American Academy of Political and Social Science* 392, no. 1: 209–10.

Martyr, Philippa (2020) "Hippocrates and Willow Bark: What You Know about the History of Aspirin Is Probably Wrong." *Conversation*, October 18, 2020. https://theconversation.com/hippocrates-and-willow-bark-what-you-know-about-the-history-of-aspirin-is-probably-wrong-148087.

McEvedy, Colin, and Richard Jones (1978) *Atlas of World Population History*. Harmondsworth, UK; New York: Penguin Books.

McMillan, Tracie (2016) "How Italian Cuisine Became as American as Apple Pie." The Plate. *National Geographic*, May 4, 2016. https://www.nationalgeographic.com/culture/article/how-italian-cuisine-became-as-american-as-apple-pie.

Mwaniga, Gloria (2020) "How a Kenyan Flower Producer Bloomed through COVID-19." *IFC Insights*, September 2020. https://www.ifc.org/wps/wcm/connect/newsextcontent/ifcexternalcorporatesite/news+and+events/news/insights/i15-kenya-flowers.

Moschion, Julie, and Domenico Tabasso (2014) "Trust of Second-Generation Immigrants: Intergenerational Transmission or Cultural Assimilation?." *IZA Journal of Migration* 3, no. 10: 1–30.

Murphy, Ryan H., and Alex Nowrasteh (2018) "The Deep Roots of Economic Development in the US States: An Application of Putterman and Weil (2010)." *Journal of Bioeconomics* 20, no. 2: 227–42.

Nature Index (2017) "2018 Tables: Countries/territories." Based on data from January 1, 2017, to December 31, 2017. https://www.natureindex.com/annual-tables/2018/country/all.

Nowrasteh, Alex, and Andrew Forrester (2020) *Trust Doesn't Explain Regional U.S. Economic Development and Five Other Theoretical and Empirica Problems with the Trust Literature*. Working paper no. 57. Cato Institute.January 6, 2020. https://www.cato.org/publications/working-paper/trust-doesnt-explain-regional-us-economic-development-five-other#.

OECD (2018) *OECD Factbook 2013: Economic, Environmental and Social Statistics*. Paris: OECD Publishing, 2013. https://doi.org/10.1787/factbook-2013-en. Order of the Sons of Italy. (2017) "A Profile of Today's Italian Americans: A Report Based on the Year 2000 Census." 2003. http://www.osia.org/wp-content/uploads/2017/05/IAProfile.pdf.

Osborne, Milton E. (2016) *Southeast Asia: An Introductory History*. 12th ed.

Hjort, Jonas (2014) "Ethnic Divisions and Production in Firms." *Quarterly Journal of Economics* 129, no. 4: 1899–946.

Hunt, Vivian, Lareina Yee, Sundiatu Dixon-Fyle, and Sara Prince (2018) *Delivering through Diversity*. Report. McKinsey & Company, January. https://www.mckinsey.com/business-functions/people-and-organizational-performance/our-insights/delivering-through-diversity.

Jackson, Susan E., Aparna Joshi, and Niclas L. Erhardt (2003) "Recent Research on Team and Organizational Diversity: SWOT Analysis and Implications." *Journal of Management* 29, no. 6: 801–30.

Jacobs, Jane (2016) *The Economy of Cities*. New York: Vintage.

Jones, Garett (2015) *Hive Mind: How Your Nation's IQ Matters So Much More Than Your Own*. Stanford, CA: Stanford University Press.

——— (2020) *10% Less Democracy: Why You Should Trust Elites a Little More and the Masses a Little Less*. Stanford, CA: Stanford University Press.

Jonsen, Karsten, Susan C. Schneider, and Martha L. Maznevski (2016) "Diversity—A Strategic Issue?" In *Diversity in the Workplace*, ed. Stefan Groschl (London and New York: Routledge): 29–62.

Kaufmann, Daniel, and Aart Kraay (2021) *Worldwide Governance Indicators*. Washington, DC: World Bank.

Kaufmann, Daniel, Aart Kraay, and Pablo Zoido-Lobaton (2002) *Governance Matters II: Updated Indicators for 2000–01*. Vol. 2772. Washington, DC: World Bank Publications.

Keller, Wolfgang (2004) "International Technology Diffusion." *Journal of Economic Literature* 42, no. 3, 752–782.

Kelly, Morgan (2019) "The Standard Errors of Persistence." Unpublished manuscript,posted June 14, 2019. https://ssrn.com/abstract=3398303.

Kidder, Tracy (1981) *The Soul of a New Machine*. Boston: Little, Brown.

Klein, Daniel B., and Charlotta Stern (2005) "Professors and Their Politics: The Policy Views of Social Scientists." *Critical Review* 17, no. 3–4: 257–303.

Langguth, Jack (1964) "Chinese Are Thriving in Laos, but the Community Is Resented." *New York Times*, August 14, 1964. https://nyti.ms/3H ReFqU.

Ljunge, Martin (2014) "Trust Issues: Evidence on the Intergenerational Trust Transmission among Children of Immigrants." *Journal of Economic Behavior & Organization* 106: 175–96.

Mannix, Elizabeth. and Margaret A. Neale (2005) "What Differences Make a Difference? The Promise and Reality of Diverse Teams in Organizations," *Psychological Science in the Public Interest* 6, no. 2 (2005): 31–55.

Mansfield, Edwin, and Anthony Romeo (1980) "Technology Transfer to Overseas

Ely, Robin J., and David A. Thomas（2020）“Getting Serious about Diversity.” *Harvard Business Review* 98, no. 6: 114–22.

Esteban, Joan, and Debraj Ray（2008）“On the Salience of Ethnic Conflict.” *American Economic Review* 98, no. 5: 2185–202.

French, Howard W.（2014）*China's Second Continent: How a Million Migrants Are Building a New Empire in Africa*. New York: Vintage.〔『中国第二の大陸 アフリカ――一〇〇万の移民が築く新たな帝国』栗原泉訳、白水社、2016年〕

Friendly, Michael（2002）“Corrgrams: Exploratory Displays for Correlation Matrices.”*American Statistician* 56, no. 4: 316–24.

Fuchs-Schundeln, Nicola, Paolo Masella, and Hannah Paule-Paludkiewicz（2020）“Cultural Determinants of Household Saving Behavior.” *Journal of Money, Credit and Banking* 52, no. 5: 1035–70.

Fulford, Scott L., Ivan Petkov, and Fabio Schiantarelli（2020）“Does It Matter Where You Came From? Ancestry Composition and Economic Performance of U.S. Counties, 1850–2010.” *Journal of Economic Growth* 25, no. 3: 341–80.

Glaeser, Edward L., Rafael La Porta, Florencio Lopez-de-Silanes, and Andrei Shleifer（2004）“Do Institutions Cause Growth? “*Journal of Economic Growth* 9, no. 3: 271–303.

Giavazzi, Francesco, Ivan Petkov, and Fabio Schiantarelli（2019）“Culture: Persistence and Evolution.” *Journal of Economic Growth* 24, no. 2:117–54.

Goldberg, Jeffrey（2020）“Why Obama Fears for Our Democracy.” Atlantic, 16 November.

Gross, Neil, and Ethan Fosse（2012）“Why Are Professors Liberal?” *Theory and Society* 41, no. 2: 127–68.

Gwartney, James D., Robert A. Lawson, Joshua C. Hall, and Ryan H. Murphy, with Pal Czegledi, Rosemarie Fike, Fred McMahon, and Carlos Newland（2018）*Economic Freedom of the World: 2018 Annual Report*. Washington, DC: Cato Institute; Vancouver, BC: Fraser Institute.

Habyarimana, James, Macartan Humphreys, Daniel N. Posner, and Jeremy M. Weinstein（2007）“Why Does Ethnic Diversity Undermine Public Goods Provision?” *American Political Science Review* 101, no. 4: 709–25.

Hall, Bronwyn H., Jacques Mairesse, and Pierre Mohnen（2010）“Measuring the Returns to R&D.” In *Handbook of the Economics of Innovation*, edited by Bronwyn H. Hall and Nathan Rosenberg, vol. 2, 1033–82. Amsterdam: Elsevier.

Heston, Alan, Robert Summers, and Bettina Aten（2006）“Penn World Table Version 6.2.” Center for International Comparisons of Production, Income and Prices at the University of Pennsylvania. https://datacentre.chass.utoronto.ca/pwt62/.

Caplan, Bryan (2012) "Why Should We Restrict Immigration?" *Cato Journal* 32: 5–24.

Carl, Noah (2015) "Can Intelligence Explain the Overrepresentation of Liberals and Leftists in American Academia?" *Intelligence* 53: 181–93.

Carter, Ashli B., and Katherine W. Phillips (2017) "The Double-Edged Sword of Diversity: Toward a Dual Pathway Model." *Social and Personality Psychology Compass* 11, no. 5: e12313.

Chanda, Areendam, C. Justin Cook, and Louis Putterman (2014) "Persistence of Fortune: Accounting for Population Movements, There was No Post-Columbian Reversal." *American Economic Journal: Macroeconomics* 6, no. 3: 1–28.

Chi, Nai-Wen, Yin-Mei Huang, and Shu-Chi Lin (2009) "A Double-Edged Sword? Exploring the Curvilinear Relationship between Organizational Tenure Diversity and Team Innovation: The Moderating Role of Team-Oriented HR Practices." *Group & Organization Management* 34, no. 6: 698–726.

Chua, Amy (2004) *World on Fire: How Exporting Free Market Democracy Breeds Ethnic Hatred and Global Instability*. New York: Anchor.

Clark, Gregory (2008) *A Farewell to Alms*. Princeton, NY: Princeton University Press.〔『10万年の世界経済史』(全二巻) 久保恵美子訳、日経BP、2009年〕

Comin, Diego, William Easterly, and Erick Gong (2010) "Was the Wealth of Nations Determined in 1000 BC?" *American Economic Journal: Macroeconomics* 2, no. 3: 65–97.

Costa-Font, Joan, Paola Giuliano, and Berkay Ozcan (2018) "The Cultural Origin of Saving Behavior." *PLOS ONE* 13, no. 9. https://doi.org/10.1371/journal.pone.0202290.

Cowen, Tyler (2009) "Be Suspicious of Simple Stories," TEDxMid Atlantic, November 2009, https://www.ted.com/talks/tyler_cowen_be_suspicious_of_simple_stories?language=en.

Desmet, Klaus, Ignacio Ortuno-Ortin,and Romain Wacziarg (2017) "Culture, Ethnicity, and Diversity." *American Economic Review* 107, no. 9: 2479–513.

Diamond, Jared (2014) "Reversals of National Fortune, and Social Science Methodologies." *Proceedings of the National Academy of Sciences* 111, no. 50: 17709–14.

Dinesen, Peter Thisted, Merlin Schaeffer, and Kim Mannemar Sonderskov (2020) "Ethnic Diversity and Social Trust: A Narrative and Meta-Analytical Review." *Annual Review of Political Science* 23: 441–65.

Doolittle, W. Ford (2013) "Is Junk DNA Bunk? A Critique of ENCODE." *Proceedings of the National Academy of Sciences* 110, no. 14: 5294–300.

Eaton, Jonathan, and Samuel Kortum (1999) "International Technology Diffusion: Theory and Measurement." *International Economic Review* 40,no. 3: 537–70.

参考文献

Abascal, Maria, and Delia Baldassarri（2015）“Love Thy Neighbor? Ethnoracial Diversity and Trust Reexamined.” *American Journal of Sociology* 121, no. 3: 722–82.

Acemoglu, Daron, Simon Johnson, and James A. Robinson（2002）“Reversal of Fortune: Geography and Institutions in the Making of the Modern World Income Distribution.” *Quarterly Journal of Economics* 117, no.4: 1231–94.

Adams, John（1775）*Novanglus*, no. 7. March 6, 1775. Internet Archive, 78–94. https://archive.org/details/novanglusmassach00adams/page/78/mode/2up.

Ahmad, Zahra（2017）“Why Modern Mortar Crumbles but Roman Concrete Lasts Millenia.” *Science*, July 3, 2017. https://www.science.org/content/article/why-modern-mortar-crumbles-roman-concrete-lasts-millen nia.

Alesina, Alberto, Yann Algan, Pierre Cahuc, and Paola Giuliano（2015）“Family Values and the Regulation of Labor.” *Journal of the European Economic Association* 13, no. 4: 599–630.

Alesina, Alberto, and Paola Giuliano（2015）“Culture and Institutions.” *Journal of Economic Literature* 53, no. 4: 898–944.

Algan, Yann, and Pierre Cahuc（2015）“Inherited Trust and Growth.” *American Economic Review* 100, no. 5（2010）: 2060–92.

Ang, James B.（2013）“Institutions and the Long-Run Impact of Early Development.”*Journal of Development Economics* 105: 1–18.

Ashraf, Quamrul H., and Oded Galor（2018）“The Macrogenoeconomics of Comparative Development.” *Journal of Economic Literature* 56, no. 3: 1119–55.

———（2013）“The ‘Out of Africa’ Hypothesis, Human Genetic Diversity, and Comparative Economic Development.” *American Economic Review* 103, no. 1: 1–46.

Biemont, Christian, and Cristina Vieira（2006）“Junk DNA as an Evolutionary Force.” *Nature* 443, no. 7111: 521–24.

Boldrin, Michele and David K. Levine（2008）*Against Intellectual Monopoly*. Cambridge: Cambridge University Press.〔『〈反〉知的独占――特許と著作権の経済学』山形浩生・守岡桜訳、NTT出版、2010年〕

Bolt, Paul J.（2000）*China and Southeast Asia's Ethnic Chinese: State and Diaspora in Contemporary Asia*. Westport, CT: Praeger.

Borrell-Porta, Mireia, Joan Costa-Font, and Azusa Sato（2017）“Changing Culture to Change Society?” In *Social Economics: Current and Emerging Avenues*, edited by Joan Costa-Font and Mario Macis. Cambridge, MA: MIT Press.

マ行

ヤ行

ラ行

ワ行

ナ行

ハ行

サ行

タ行

索引

【著者】

ギャレット・ジョーンズ（Garett Jones）

ジョージ・メイソン大学公共選択研究センターの経済学准教授。2000 年にカリフォルニア大学サンディエゴ校で Ph.D.（Economics）取得。専門はマクロ経済学。著書に *10% Less Democracy: Why You Should Trust Elites a Little More and the Masses a Littles Less, Hive Mind: How Your Nations's IQ Matters So Much More Than Your Own.*（以上，Stanford）がある。

【訳者】

飯嶋貴子（いいじま　たかこ）

翻訳家。サンフランシスコ州立大学大学院比較文学修士課程修了。早稲田大学大学院文学研究科博士後期課程満期退学。訳書に『鏡のなかの自己——ミラーテストと「自己認知」の歴史』、『データ視覚化の人類史——グラフの発明から時間と空間の可視化まで』、『世界を支配するベイズの定理』（以上、青土社）、『Think critically　クリティカル・シンキングで真実を見極める』（慶應義塾大学出版会）などがある。

移民は世界をどう変えてきたか
——文化移植の経済学

2024年４月25日　初版第１刷発行

著　者————ギャレット・ジョーンズ
訳　者————飯嶋貴子
発行者————大野友寛
発行所————慶應義塾大学出版会株式会社
〒108-8346　東京都港区三田2-19-30
TEL〔編集部〕03-3451-0931
〔営業部〕03-3451-3584〈ご注文〉
〔　〃　〕03-3451-6926
FAX〔営業部〕03-3451-3122
振替　00190-8-155497
https://www.keio-up.co.jp/
装　丁————米谷豪
ＤＴＰ————アイランド・コレクション
印刷・製本——中央精版印刷株式会社
カバー印刷——株式会社太平印刷社

Printed in Japan ISBN 978-4-7664-2961-9